Diáhlogos com Hagá

Djalma Vasconcellos Grandson
& Henrique Soares Jacobina

"Quem não se torna sábio ouvindo o que a Morte tem a dizer está condenado a ser tolo a vida inteira."

Rubem Alves

V 331d

    Vasconcellos Grandson, Djalma, 1962 -
      Diáhlogos com Hagá / Henrique Soares Jacobina: Salvador, 2020. 2ª Edição

157 p. : 22,86 cm

    1. Filosofia do espírito 2. Psicografia 3. Espiritismo 4. Jacobina, Henrique Soares I. Título.

CDD 130.3

Meu pai, desculpe aí, tá?!, mas este livro vamos dedicar a minha mãe, com o calor desse grande beijo, legal?!

— Aqui quem manda é você, Rick, homenagem mais do que justa, beijos para os dois.

QUEM É ESSE MENINO?

Criança ativa, sem ser inquieta. Era comum vê-lo solitário com seus brinquedos, mesmo num ambiente repleto de outras crianças. De repente, como que voltando à realidade, misturava-se ao grupo, não para ser um a mais, normalmente para determinar novas brincadeiras, e, claro, alterar o que estava estabelecido.

Na adolescência não foi diferente! Apesar de ser o mais novo daquele grupinho de Macapá, experimentou muitas emoções prematuramente, e sempre, intensamente. Ele veio para deixar sua marca, e deixou: alegrias, inquietudes, vida!!!

Henrique, Rique, Rick, Jajá!!!

Ana Virgínia F. Rocha

(tia)

Henrique criança, bom menino, inquieto, pestinha...

Henrique jovem, grande garoto, caminhando seu caminho, carinhoso, solidário, tranquilo...

Fred Pitanga

(tio)

PIRRAÇA!! Acho que esta é a palavra que primeiro me vem à mente quando se fala de Henrique. Não que o descreva completamente, óbvio que não, mas digamos que fosse sua forma particular de mostrar afeto no convívio familiar. Não sei quanto aos amigos, mas, para a família, passar um dia sequer sem uma 'pirracinha' dessa criatura não era uma opção quando ele estava por perto. Fico curioso para saber quem ele anda pirraçando agora...

Felipe Jacobina

(irmão)

Jajá é uma pessoa espetacular! Ele sabe o momento exato de ser brincalhão, de oferecer o ombro amigo, brigar ou abrir um sorriso. Qualquer momento para ele é hora de se sentar, prosear e bebericar com um colega.

Almir Gomes

(amigo)

Henrique Jacobina, Jajá. Um vagabundo da melhor espécie.
Um pensador, um poeta, um ator, um boêmio.

Com seu abadá, sua bermuda e sua havaiana...
Com sua simplicidade, seu sarcasmo, seu humor...
Um amigo como poucos.

Daniel Lee

(amigo)

O que sempre fez de Henrique uma pessoa fantástica foi a sua simplicidade. Tinha por hábito usar Havaianas ou All Star preto, calça jeans rasgada e uma argolinha na orelha. Um sonhador, anarquista, que sempre gostou de cultura, teatro, rock and roll, handebol além da velha e boa cerveja do Parque Júlio César. Para mim, foi o melhor namorado do mundo. Além da conta. Soube amar e demonstrar esse amor também pela vida. Vivia sorrindo e seu bom humor contagiava. Estar com ele era sinônimo de segurança e felicidade. Como amigo, não há como descrever, foi o melhor desde que eu o conheci. Foi a pessoa que mais me entendeu e que sempre se preocupou comigo. Esteve do meu lado sempre que precisei e me conhece mais do que ninguém. É meu maior confidente, até hoje. Henrique marcou minha vida como namorado, como amigo e como pessoa. Nessas três formas ele conseguiu ser o melhor. Por isso que não me canso de repetir, Henrique é pra sempre!

Ianne Rios

(primeira namorada e amiga)

Jah, você deixou nessa passagem vários ensinamentos para este seu humilde amigo. A que eu mais gosto de preservar é de sempre se estar aberto a uma nova verdade e não ter vergonha de se retratar após perceber que não estava 100% certo. Os nossos debates sobre políticas ao som de Silvano Salles, após inúmeras cervejas; as reflexões sobre letras de músicas; as discussões sobre o futuro da humanidade, e o porquê de ela estar nessa situação tão desigual, sempre estarão na minha memória, o que influi na minha forma de pensar e agir. Tenho certeza que isso vai permanecer comigo, junto com sua energia interminável, sua perspectiva sempre otimista e sua luta para melhorar o astral de todos a sua volta. Tudo isso sempre estará nas minhas atitudes, não com a mesma alegria, mas com a mesma vontade de ajudar. Um grande abraço de seu amigo "chato pra caralho!!"

Edson Fonseca Diniz Filho

(amigo)

Lembra-se da promessa que você me fez? Aquela de ser meu príncipe nos meus quinze anos? Pois bem, você não pôde dançar comigo, mas eu sei que você estava lá e não largou do meu pé. E vai ser sempre assim, você bem junto de mim. E hoje eu vejo que você não é só meu príncipe, você é meu anjo, meu anjo da guarda que me ajuda e me protege.

Glória Maria Soares Jacobina
(irmã mais nova)

Amo muito!!!

Paloma Melo
(o grande amor)

PREFÁCIO

Tenho acompanhado e apoiado a carreira de escritor de Djalma Vasconcellos Grandson e a cada obra tenho uma grata surpresa. Surge-nos, agora, *Diáhlogos com Hagá*, uma obra que registra um diálogo transcendental verídico, entre ele e o espírito de seu filho Henrique Soares Jacobina, desencarnado em novembro de 2012, aos 21 anos de idade, em um grave acidente de carro. Um fato, portanto, que teria o condão de jogar na lona o mais forte dos mortais, com ele tomou outra conotação.

Em *Diáhlogos com Hagá*, longe dos clichês das obras psicografadas, Henrique fala ao pai com altivez, segurança e perspicácia sobre dogmas intocáveis das religiões assentes. Revela-nos coisas inéditas, a exemplo das três fases e da verdadeira natureza do espírito, sobre a origem do amor e acerca da composição e das resultantes das forças cósmicas.

A conversa, aqui e ali, é entremeada de paralelos com conceitos de grandes luminares do pensamento a exemplo de Schopenhauer, Nietzsche, Jung, Foucault, Rousseau.

No trajeto do diálogo, que, ressalte-se, foi publicado na íntegra, sem edições, por opção de Grandson, eles encontram contrapontos de Manuel, outro parente desencarnado recentemente e que era um expert em religiões reencarnacionistas, com destaque para o kardecismo. Outros espíritos se envolvem para confirmar a veracidade do ambiente, mas não chegam a conturbar a fluidez do diálogo; muito pelo contrário, mostram interação, senso e equilíbrio.

O texto começa bem descontraído, característica, aliás, que se mantém até o final, sem comprometer, todavia, o rigor das revelações que vão surgindo, sem uma ordem premeditada, durante as conversas. É um livro indispensável e, parece-me, definitivo sobre o tema da vida após a morte.

Detalhe, nenhum dos dois principais interlocutores tem comprometimento com qualquer das religiões conhecidas, ainda que não se autodefinam ateus.

P. M. Pihmentel

APRESENTAÇÃO

No dia 09 de novembro de 2012, seguinte ao acidente e às cerimônias de destinação do corpo, cheio de saudades de meu grande filho e amigo, eu me preparava para tomar banho, quando Elvirinha me pediu para escrever alguma mensagem a ser distribuída na missa de sétimo dia.

"Escrever algo? Para a missa de sétimo dia? Que missa? Henrique não era católico, sequer religioso", retruquei no ato. Ela insistia. Para não discutir mais, fui tomar meu banho. No banheiro, em frente ao espelho, surgiu-me uma vontade de falar com meu querido Rick. Eu ainda não sabia que podíamos nos comunicar nessa nova situação. Olhei fixo para minha imagem e pedi para ele me dar um sinal de sua presença. Que me dissesse se queria a tal mensagem, que nos orientasse. Achei-me tolo com aquilo. Talvez a intensidade da emoção daqueles dias tivesse me deixado um pouco abobalhado, pensei e fui para o chuveiro.

Depois do banho, abri o computador para ler meus e-mails. Havia uma mensagem de Ianne, sua 1ª namorada e grande amiga nossa. Ela dizia ter recebido de alguém um poema feito por Henrique aos onze anos de idade. Estava numa coletânea produzida pelo Colégio Antônio Vieira, instituição dos jesuítas de Salvador, onde ele havia estudado. Uma jovem, que tinha sido contemporânea dele no colégio, mas que não o conhecera pessoalmente, tocada pelo trágico acontecimento, lembrara-se do livro e fora revirar seus arquivos até encontrá-lo.

O poema é uma verdadeira profecia. Digo isso, sobretudo, porque surgiu, assim, naquele momento, de forma tão inusitada, como uma resposta imediata a minhas admoestações, de minutos antes, no banheiro.

Depois de ler a mensagem, eu saí da frente do computador para dar uma notícia a Elvirinha, "Olhe, a mensagem para a missa já está pronta e quem a fez foi o próprio Henrique". Ela ficou curiosa e quis saber mais. Passamos, então, a analisar a poesia.

De início, Henrique nos disse que estava navegando pelo lindo mar. Deu-nos, com isso, a notícia de sua situação naquele momento. Ele estaria bem, transitando numa imensidão análoga à do oceano, e que por ele não tivéssemos nenhuma preocupação. A referência ao mudinho e, na última parte, ao casco da tartaruga refletiam sua situação de desencarnado, de ser em outra dimensão, já sem corpo e sem poder articular a voz, como fazemos por aqui.

Em outro trecho, uma mensagem que entendi direcionada a mim, porque a dedicatória do exemplar que possuímos em casa havia sido, na época, para minha pessoa. Diz o verso que quando ele estivesse furado eu navegaria em seu lugar. Eu só viria a entender essa parte, bem depois do acidente, quando iniciamos nossas comunicações *ex post facto* e decidimos pelo projeto dos livros que escreveríamos juntos. A parceria literária estava, assim, prevista desde havia muito. A mensagem me dizia claramente que ele daria seu recado de navegante e eu redigiria. Leia o poema completo logo depois desta apresentação. A dedicatória original que ele fez para mim, aos onze anos, está na segunda capa do livro *Pohemas com Hagá*.

Se o mistério que envolve a existência de Henrique, no que tange a seu destino e missão, veio a lume aos onze anos com o referido poema, não parou por aí. Aos dezoito anos (em 2009), ele preparou uma peça de teatro que foi a público no Teatro Jorge Amado, aqui em Salvador. O texto, uma bricolagem feita por ele a partir de vários poemas de diversos autores, é uma verdadeira profecia declamada em público. Quem assiste ao vídeo tem a impressão de ele ter feito a apresentação depois do acidente e não três anos antes. O vídeo está no YouTube; procure por *"Show Magia Henrique Jacobina"* e confirme o que estou dizendo.

Os diálogos do livro *Diáhlogos com Hagá* devem ser lidos como quem assiste a um bate-papo informal entre amigos. Tentei manter a escrita o mais fiel possível aos diálogos originais. É interessante deixar registrado que algumas informações teóricas mais complexas podem aparentar ter pontos obscuros ou até mesmo contraditórios, pois não me preocupei em editar eventuais confusões que possam proporcionar alguma sensação de contradição ou indefinição. Se isso ocorrer e o leitor achar que o esclarecimento é necessário, deve fazer sua própria pesquisa em fontes acadêmicas externas, porque esse não é o objetivo do livro. Outro conselho é que, diante de uma situação dessas, o leitor não desista e prossiga na leitura. Normalmente, em outros trechos, os novos conceitos são, sempre, retomados, com mais detalhes.

Na verdade, o que ocorre é que há conceitos novos sobre espírito, vida, amor, que, talvez, ainda não encontrem um respaldo arquetípico no inconsciente coletivo, como queria Jung, tão citado na obra. Esse primeiro contato com as novidades conceituais é que pode ser, para alguns leitores, fonte de algumas dificuldades. Mas, garanto-lhe, não é nada que um pouco de reflexão, ou uma releitura mais acurada, não resolva.

É bom que se entenda que o texto não tem natureza doutrinária, ou seja, não é coisa para encaminhar ninguém para a redenção do juízo final. Rick sempre se preocupou em não levar suas convicções para qualquer tipo de altar. Desde o início, acordamos que tudo o que escrevêssemos teria o objetivo que entendemos o mais nobre: trazer um lenitivo para aquelas pessoas que "perderam", fisicamente, algum ente querido e que não encontraram o conforto suficiente e necessário nos discursos religiosos atualmente em vigor. Para aquelas que estão realmente convencidas de que a fé que seguem é a mais pura expressão da verdade e lhes atende no quesito pós-vida corporal, os dois livros, sobretudo o de diálogos, poderão não ser muito interessantes. A melhor recomendação é que persistam em sua fé. Não há nenhum prejuízo nisso, como sempre frisou Rick em toda a conversa, salvo para quem pretenda alçar outros voos de pensamento.

Por último, espero que a leitura seja agradável e proveitosa. Que possa trazer ricos momentos de novas reflexões sobre a vida e a pós-vida corporal.

Djalma Vasconcellos Grandson

QUEM SOU EU?

Vivo navegando pelo lindo mar
Eu não sou mudinho, mas não sei falar

Não tenho nadadeiras, mas eu sei nadar
Quando estou furado, você nadará!

Vivo navegando nesse imenso mar

Não sou tartaruga com casco a carregar.
Eu sou o barco, vivo a navegar!

Henrique Soares Jacobina
(poema feito aos 11 anos de idade)

PRIMEIRA FASE

O acidente, como todos sabem, ocorreu no dia 08 de novembro de 2012. No dia 31 de dezembro desse mesmo ano, viajamos para Londres, onde ficamos, eu, Elvirinha e Glorinha, até fevereiro de 2013. Nesse ínterim, Felipe, nosso filho mais velho que estava em Seul, foi nos visitar e ficou conosco por quinze dias. De lá, ele retornou para a Coreia. Nós seguimos para Bruxelas e, posteriormente, Paris, onde permanecemos até março de 2013. Durante esses três meses, mantive contatos com Henrique; foram momentos de descontração, recordação e muita paz. Não tratávamos sobre o assunto do livro, tampouco tomei nota do que conversávamos. A primeira fase do diálogo refere-se ao período logo depois do acidente, até 31 de dezembro de 2013. Foi um tempo muito confuso. Os diálogos são um pouco repetitivos e sem um assunto definido. Apesar disso, algumas passagens são interessantes. Compilei aqui apenas os trechos que, imaginei, possam vir a despertar algum interesse.

Esse primeiro período foi marcado pela emoção, tanto da parte de Henrique quanto da minha, decorrente da maior proximidade da brusca e trágica mudança, o que é natural e compreensível. Nessa fase, as informações de Rick ainda estão repletas de opiniões pouco sedimentadas, com preponderância da emoção sobre a razão. A maioria dos poemas do livro *Pohemas com Hagá* foi composta nessa etapa.

O leitor pode, ainda, observar que a segurança de Henrique, com relação às teses que levanta, vai crescendo até atingir o ápice, quase já no final da fase dois, quando ele se assenhora do discurso de forma incontestável.

02 de dezembro de 2012

Dia do primeiro contato. Só então eu passei a ter a certeza de poder me comunicar diretamente com ele. Há algumas informações de difícil entendimento. Eu preferi manter do jeito que eu captei para que o leitor pudesse acompanhar e avaliar melhor o desenvolvimento da interlocução.

....

RICK - Tenho a falar algo importante que é para todos que se importam comigo. Estou bem, não sei onde. Não sei, tenho tentado. Fica difícil. Lembro. Para quê, Alberto? Que fazer? Tenho que acreditar? Que difícil!

03 de dezembro de 2012

Eu ainda não estava tomando nota do que dizia a ele; mas me parece que foi a primeira vez que falamos sobre a ideia de escrevermos juntos.

....

RICK - Sim, eu estou pronto. Vamos adiante. Não sei onde isso vai dar, mas topo seguir adiante. Vou dando notícias. Ainda não sei de nada. O que for possível passar, passarei.

....

RICK - Nem eu sei explicar aquilo do poema, se foi coincidência, não sei [refere-se ao poema que fez aos onze anos e que reputamos profético].

05 de dezembro de 2012

RICK - Pegou papel suficiente?
DJALMA - Bastante. Quanto tempo vamos escrever.
RICK - Muito. Estou nos primeiros dias de vida.
DJALMA - Hoje estou melhor.
RICK - Terrível, isso.
DJALMA - Vou escrever.
RICK - Mas não falemos sobre o dia...
DJALMA - Hoje estás mais entrosado nesse ambiente?

Rick - Sinto um vazio...

Djalma - É normal, acho eu, sua perda foi uma grande perda. Você se afastou de todo o mundo físico.

Rick - É...

Djalma - Fale mais!

Rick - O quê?

Djalma - Sei lá. Aí, estou interessado. Preciso saber conversar com sua mãe e amigos.

Rick - Diga que tá...

Djalma - Tá o quê?

Rick - Porra, velho, tá, quando eles vierem saberão.

....

09 de dezembro 2012

Rick - Muito para baixo, hoje?

Djalma - Estou.

Rick - Pô, segura aí, velho.

Djalma - Para você é mais fácil, talvez.

Rick - Pimenta no...

Djalma - Sei, sei... bate cada treco de saudade...

Rick - Também aqui, né. Só que aqui eu te sinto mais. Converso com todo mundo.

Djalma - Podemos entender isso melhor?

....

Rick - Em termos. É que as coisas aqui têm outros parâmetros, outros pontos basilares. Por exemplo, para falar com você dependo de sua massa cinzenta, veja que dificuldade isso me traz (risos).

Djalma - Gracinha.

Rick - É que não tem como eu dizer algo que não passe pela sua escala de valores, ou seja, sua autocensura prévia e vinculante. Essa escala de valores tem outra base conceitual que difere de muita coisa por aqui. É como tentar traduzir o chinês para o português, ou muito pior, não é?

Djalma - Mostro a tua mãe?

Rick - Decida você. É mesmo difícil de acreditar, não é?

....

11 de dezembro de 2012

....

DJALMA - Pede a um iluminado desses aí para fazer um milagrezinho, estamos com uma baita saudade.

RICK - Até que dava para pedir, mas se eles fizessem um, ia juntar uma filona...

DJALMA - É?

RICK - E um ia puxando o outro, daqui a pouco não iria ficar mais ninguém por aqui.

DJALMA - É fato. Mas aí é tão ruim assim?

RICK - Não é isso. Na verdade tem muita gente com saudades daqueles tempos.

DJALMA - E você?

RICK - Estou bem, relaxe.

DJALMA - Tem vídeo game?

RICK - (Risos).

....

DJALMA - Mariene e seus outros parentes daqui, já mortos, tem estado com eles?

RICK - Alguns. Mas a forma é outra. Se a pessoa perde o contato com a turma daí, em pouco tempo dispersa e pega outro rumo. É tudo muito amplo e difuso.

DJALMA - E o que é melhor, dispersar ou ficar conectado?

RICK - Não sei. Acho que não tem melhor, não. É uma questão de escolha e oportunidade. Se você não tem sua turma ligada ou se a ligação é muito dolorosa, é melhor pegar rumo. Se o convívio prospera, fica.

13 de dezembro de 2012

....

DJALMA - Henrique, estou cansado e deprimido. Por favor, fala-me algo animador. Ajuda-me a não bloquear.

RICK - Vou tentar. O passado fala com o presente. Traz-lhe coisas previsíveis. Conta o mar, conta as rosas e conta tudo o que havia de ser. Mas nesse conluio de tempos, só mesmo o futuro dirá o que se quis dizer.

DJALMA – Você mesmo?

RICK - Diga aí?!

Djalma - Seria "previsíveis" ou "imprevisíveis"?

Rick - Previsível mesmo; vê-se o imprevisível apenas no futuro.

Djalma - Ah, profundo, cara, é mesmo você quem fala comigo?

Rick - Até tu, Brutus?

15 de dezembro de 2012

....

Djalma - É um sofrimento sem dimensão. Tem muita gente sofrendo igual ou pior aí pelo mundo, e muito.

Rick - Ninguém reforma uma casa sem ter acesso a seu interior.

Djalma - Verdade, às vezes me pergunto se serei capaz de tanto. O projeto do livro é ambicioso.

Rick - Sem dúvida. Uma mudança de paradigma, como você costumava falar.

Djalma - Aprendeu, não é, moleque?

Rick - Ô...

....

20 de dezembro de 2012

....

Djalma - Olhe, acho que é melhor passarmos a digitar isso. Eu vou trazer o notebook para essas nossas conversas.

Rick - Se vai ficar mais confortável para você, é melhor.

Djalma - Então deixemos para a próxima.

Rick - Fechado, Só não podemos é demorar demais que o pessoal está ansioso para liberar logo isso.

SEGUNDA FASE

Nessa fase, estão os diálogos que ocorreram a partir de 30 de abril de 2013, depois de nosso périplo pela Europa. Todas as falas foram compiladas em sua integralidade, para que o leitor possa participar com mais intensidade da energia da comunicação entre mim, Rick, Manuel e os demais coadjuvantes deste maravilhoso projeto de humanidade.

Eu procurava manter, mais ou menos, os mesmos horários para as sessões. Não que o acesso a Rick, de minha parte, dependa de maiores formalidades. Não, isso não. Interagimos a qualquer momento e em todos os lugares, sem nenhuma restrição. O que eu pretendia com esse rito era disciplinar a tarefa, no sentido de não deixar de registrar nada de interessante que surgisse. O que sempre ocorreu foi que, em que pese minha preocupação com a disciplina dos horários, Rick sempre se achegava nos locais mais inesperados para me soprar alguma ideia nova ou concluir algo que eventualmente tivéssemos deixado em aberto no último encontro.

Fazer o quê? Eu estava, afinal, a tratar com o velho e querido Rick. Espirituoso, ousado, intrépido, carinhoso e cativante. Regras, para ele, sempre foram importantes, desde que não engessassem a criatividade e ofuscassem a bela energia do existir.

30 abril de 2013

Djalma - Olá, amigo.

Rick - Oi.

Djalma - Saudades, sempre saudades.

Rick - Ô...

Djalma - Estou meio preguiçoso para escrever.

Rick - Isso me afeta, sabia?

Djalma - Perdoe-me, é o problema do seguro...

Rick - Não posso te ajudar muito nisso aí.

Djalma - Conversar com você me ajuda.

Rick - (Risos).

Djalma - Melancólico, também.

Rick - Isso também me deixa triste.

Djalma - São quase duas da manhã, estou em falta contigo.

Rick - O que é que as horas têm a ver com isso?

Djalma - Nada, é só um marcador temporal.

Rick - É...

Djalma - Por que a luz?

Rick - Melhor assim.

Djalma - Foco?

Rick - Talvez.

Djalma - E o livro?

Rick - Não estou vendo espaço hoje...

Djalma - Então deixa amadurecer mais. Prometo maior dedicação.

Rick - Você é quem sabe, fique à vontade; compreendo as dificuldades.

Djalma - Beijão, Rick, ouça a música.

Rick - Hã?

Djalma - No rádio...Endless love...

Rick - Tchau, meu pai. Vá dormir.

Djalma - Tchau.

04 de maio de 2013

Djalma - Oooi.

Rick - Diga lá

Djalma - Que temos para hoje.

Rick - Feijão preto com farofa (risos).

Djalma - Vamos de que hoje, carinha?!

Rick - Não sei, acho que perdi o fio da meada.

Djalma - É, temos que melhorar nosso procedimento.

Rick - Proponha.

Djalma - Acho que de agora em diante sobrará mais tempo. Algumas pendências foram superadas. Espero poder me dedicar melhor a nosso projeto.

Rick - Legal.

Djalma - Pensei em levar o texto de forma doutrinária, entremeado com conversas.

Rick - Hã?

Djalma - A gente discorre sobre o tópico do tema. Aqui e ali dá uma parada e acrescenta um desses nossos bate-papos.

Rick - Vai ficar legal?

Djalma - Acho.

Rick - Bom, vale tentar. A gente analisa no caminho.

Djalma - Como?

Rick - À medida que formos desenvolvendo, vamos apreciando o que está feito. Se acharmos o modelo legal, continuamos.

Djalma - É assim que costumo fazer mesmo.

Rick - Dê uma arrumada no que já está pronto e avise para começarmos. Quem dita o momento é você. Por aqui estou sempre à disposição.

Djalma - Sei disso. Vou ver aí. Vou dar uma adiantada nas leituras.

Rick - Vá lá

Djalma - Sem pressa, não é? Essas leituras de filósofos são meio lentas mesmo. Ademais, tenho procurado tomar notas de algumas passagens para melhorar a reflexão posterior.

Rick - Quer complicar, complique, que precisar, precisa não. Mas tudo é válido para atingirmos a turma que queremos.

Djalma - Deixe comigo que acho que sei aonde ir.

Rick - Às vezes o problema maior é como ir e não aonde ir.

Djalma - Grande! Mas encontraremos o caminho e o transporte.

Rick - Claro, claro...

Djalma - Acho que vou descansar.

Rick - Vá lá.

Djalma - Beijo.

Rick - Beijo.

16 de maio de 2013

Djalma - Sou todo ouvidos.

Rick - Preocupado com minha mãe.

Djalma - Rick, não posso fazer muito...

Rick - Vamos escrever.

Djalma - Vamos. Quero dizer..., não podemos esperar mais um pouco? Terminar algumas leituras?

Rick - Poxa, acho que ela se sentiria melhor.

Djalma - Também acredito nisso. Mas acho que a melhora dela será maior quanto maior o sucesso do livro; por isso que tem que estar bem trabalhado em argumentos.

Rick - Sim...Mas você já tem seus argumentos e eu os meus.

DJALMA - Vamos fazer assim, vou dedicar alguns momentos para a escrita e outros para a leitura.

RICK - Legal.

DJALMA - Já tem ideia de como começar?

RICK - Já começamos.

DJALMA - A consolidação do que fizemos até agora está no outro micro, vamos aguardar. Acho que, no mais tardar, até segunda ele chega.

RICK - Bom, vai, vamos esperar. Vá pensando alguns arranjos, também. Na medida em que você for lendo, vai bordando o texto que fizermos.

DJALMA - Ok, estou concluindo os introitos de Schopenhauer, daí passamos a escrever. Depois eu retorno para a Bíblia.

RICK - Bíblia?

DJALMA - Sim, acho importante confirmar algumas passagens de lá.

RICK - Ah! Mas, então, não seria bom abordar, também, outras religiões?

DJALMA - É. Mas nem eu nem você dominanos o tema. Eu tenho que dar uma lida em algum material.

RICK - Vai, vai, vai...

DJALMA - Sobre aquela questão do espiritismo, que há outro corpo menos denso depois da morte...

RICK - Sim?

DJALMA - Tem fundamento?

RICK - Apressadinho, hem?!

DJALMA - Como assim?

RICK - Vamos falar de tudo isso, meu amigo, tenha calma.

DJALMA - Não pode adiantar?

RICK - De certa forma, sim.

DJALMA - O quê? Pode adiantar ou sobre a densidade do corpo?

RICK - Não, sobre a densidade.

DJALMA - E aí...

RICK - Amola os dedos aí para escrever que vamos começar (risos).

DJALMA - Cara, não estou legal para começar isso hoje...

RICK - Você está é meio confuso, não sabe o que quer.

DJALMA - Só fiz a pergunta para manter o papo.

RICK - Fica difícil explicar, assim, à prestação, sabe? Perde um pouco o brilho da conversa. É importante que a coisa vá chegando para você meio que de surpresa.

DJALMA - Qual a razão?

RICK - Isso instiga sua inspiração e, no momento, é do que mais necessitamos, além da expectativa das informações.

DjALMA - Bem, se é assim...É que eu gostaria de ficar trocando papo com você o dia todo.

Rick - Vamos ter essa oportunidade. Haverá momentos que você deixará minhas ideias fluírem como se suas fossem. E estarão, mesmo, misturadas com as suas.

DjALMA - Legal, fico muito emocionado com isso, sabia? Engraçado é que antes eu achava que escrevia para o vento...

Rick - E...?

DjALMA - Não sei, tanta coisa que não fazia sentido, agora faz...Veja você, eu, um escritorzinho de pé quebrado, sem muitos leitores, de repente vejo que minha escrita não precisa ter leitores, ela tem outra função.

Rick - Serve para arear panela (risos)?

DjALMA - Aí seria a escrita Bombril (risos). Não, a função maior dela é me permitir interagir com você.

Rick - De fato, de fato.

DjALMA - Já não me importa se alguém vai ler ou não, está entendendo? É algo muito fantástico para mim.

Rick - Para mim, é muito tranquilo saber que você acredita nisso.

DjALMA - Cara, às vezes surgem dúvidas...Sou meio cético com essas coisas metafísicas.

Rick - Não é tão metafísico assim, não. Você verá.

DjALMA - Hã? Como?

Rick - Curioso, não é? Eu te disse, vamos começar logo esse negócio...

DjALMA - O que eu tenho de curioso, tem você de apressado...

Rick - (Risos).

DjALMA - Às vezes, penso em sua mãe. Acho que ela teria maior conforto se estivesse alocada a uma religião.

Rick - Gostei do verbo, aí.

DjALMA - Como?

Rick - Alocada. É o quê?

DjALMA - Dá um tempo que vou jantar e volto.

Rick - Vá lá.

....

 DjALMA - Estamos aí.

Rick - Ficamos onde?

DjALMA - No "alocada a uma religião". Sobre sua mãe. Dizia eu que ela teria mais conforto se estivesse alocada a uma religião.

Rick - Sim, explica aí.

DjALMA - Alocada, por extensão, digo, se ela fosse uma crente como nas antigas. Antes ela se comungava...

Rick - Ah, mas depois daquela decepção que ela sofreu com as "Escolas Irmãs", tem razão de ter ficado triste com religião.

Djalma - Quem não ficou, lá em casa?

Rick - É, eu me lembro daqueles tempos. Foi legal. Já conversamos sobre isso, não?

Djalma - Esses dias revi a foto...

Rick - Das "Escolas Irmãs"?

Djalma - Não, do dia em que conversamos. Foi em um daqueles aniversários que festejávamos lá em casa.

Rick - Ah, eu me lembro.

Djalma - Você bebeu um pouco e falava como quem estivesse apaixonado. Lembrava dos tempos do professor Maluquinho e me dizia ser aquela sua motivação para estudar sociologia.

Rick - Isso, isso.

Djalma - Ah, Rick, naquele momento me lembrei de você com treze anos, como voluntário mirim do projeto, dando aula para aqueles garotos.

Rick - (Risos).

Djalma - Era inacreditável. Você que sempre foi o mais disperso dos três irmãos, ali, cativando os garotos mais rebeldes da turma. Sabe o que acho?

Rick - Hã?

Djalma - Que sua afinidade com eles e deles com você era a agitação. Eles curtiam isso.

Rick - É, foi por isso me colocaram esse nome de professor Maluquinho. Era a pedagogia do professor Maluquinho, ora.

Djalma - Foi uma época muito legal, viu?

Rick - Me marcou muito, também. Mas, diz aí, o que foi que te levou mesmo para aquele projeto?

Djalma - Era o voluntariado do colégio de jesuítas. O padre diretor queria implementar isso por lá e não sabia como. Eu tinha muita vontade de participar por conta do saudoso Padre Ugo. Uma das figuras mais carismática que eu conheci. Ele foi meu professor de matemática quando eu estudei por lá no ensino médio.

Rick - É, disso eu sei.

Djalma - Acontece que depois que começou e que os projetos tomaram vulto o diretor se afastou.

Rick - E daí, minguou.

Djalma - Ainda durou quase dois anos. Saímos aborrecidos, você sabe, e com uma grande convicção.

Rick - Qual?

Djalma - Não se deve confundir religião com fé.

Rick - Sei, sei, nem amor com casamento. Henfil, não foi?

Djalma - Acho que ele citou isso, mas é de Machado de Assis.

Rick - De fato, as religiões têm sua utilidade, mas também suas limitações.

Djalma - Ou excessos, não é?

Rick - É, a partir do momento que domina sua cabeça com algumas convicções dogmáticas, tudo o mais fica fácil. Quero dizer, a moldagem de uma hierarquia, muitas vezes, indigesta para o mundo.

Djalma - Tudo seria melhor sem religião? O que é que você acha?

Rick - Cada religião doura a pílula a sua maneira, nenhuma está errada, mas nenhuma está totalmente certa.

Djalma - Bem inteligente isso, o além está te dando luzes, não é (risos)?

Rick - O além não dá nada a ninguém, apenas coloca o sujeito em outra perspectiva.

Djalma - Quanto às religiões, explica aí esse paradoxo de serem e não serem certas.

Rick - Não chega a ser um paradoxo, é que são certas em algumas coisas e erradas em outras.

Djalma - Como assim.

Rick - Imagine uma formiga...

Djalma - Hã...

Rick - Vá, vá em frente. Agora, imagine essa formiga meditando na base de um mourão de uma cerca de um grande pasto, de uma grande fazenda. Imagine, também, que essa formiga consegue raciocinar e tem inspirações fantásticas sobre tudo aquilo que pertence àquela grande propriedade. A partir dessas inspirações e de informações que obtém aqui e ali, de outras formigas, ela faz um panorama de seu universo e de sua curta vida.

Outras formigas, em outros mourões, fazem o mesmo. Essas formigas, meditativas, conseguem criar doutrinas que divulgam no formigueiro. Tais ideias geraram concepções diferentes. Uma diz que todas as formigas abençoadas, um dia, vão ser sugadas por um tubo fantástico que as levará ao paraíso. Para conseguir essa benção, elas têm que praticar o bem e cultuar, durante toda sua vida, o deus tamanduá.

Outra já fala de um pó milagroso, borrifado por anjos com chapéu de palha. Ao inalar esse pó, as formigas abençoadas terão seu espírito erguido até o mais puro dos céus.

Uma terceira diz que tudo isso é verdadeiro e tem mais. Aquelas formigas cujos espíritos ascenderem sem estar prontos, retornarão em novo corpo tantas vezes quanto forem necessárias, até a mais completa depuração espiritual.

Uma quarta defende valores preciosos, escritos em uma folha antiga e seca, não se sabe por quem. A formiga que obedecer àqueles mandamentos receberá asas nas épocas das trovoadas para chegar ao formigueirão dos prazeres eternos.

Uma velha formiga, muito estudiosa e observadora, diz que elas não passam de insetos bobos; que o tamanduá, na verdade, é um grande bicho e que foi ele quem inventou essa conversa toda, só para facilitar sua vida na hora de se alimentar das próprias formigas. O que elas têm que fazer é se unir e juntar forças para melhor estudar aquela grande fazenda de forma a encontrar lugares mais seguros para habitar. Se o formigueiro, hoje em dia, tem algum conforto e segurança, por certo não foi algo dado de graça pelo deus tamanduá, mas, sim, resultado da união dos esforços da comunidade.

Outra sábia diz que tudo isso e muito mais é só vaidade. A formiga quer ser mais do que os outros animais porque não entende que a vida é um dom de um deus infinito, criador de todas as coisas e que as formigas foram criadas a sua imagem e semelhança. Isso sim, seria a verdadeira revelação. Quem não concordar é porque tem parte com a formiga diabo, a formiga sete-capas, a formiga belzebu.

Outra, ainda, fala de uma energia maior, que é a soma de todas as energias do universo. Essas energias, distribuídas pelo universo, interagem para criar e recriar, incansalvemente, novas formas para tudo o que existe. Assim, o que não existia passa a existir. Para essa formiga, o que fazemos é conhecer as formas, que se alteram com o tempo e na extensão do espaço.

Outras e outras ideias surgiram a tal ponto que as formigas criaram várias universidades só para estudar o tema.

Djalma - E a cigarra nisso tudo?

Rick - Que cigarra?

Djalma - Não tem aquela cigarra que canta enquanto as formigas trabalham (risos)?

Rick - Tenha dó, não é, meu pai?

Djalma - Brincadeira, é que eu achei bonitinha a historinha das formigas e não resisti a uma pilhéria.

Rick - Mas, você entendeu?

Djalma - É, entendi...Você quer fazer uma crítica aos vários pontos de vista filosóficos, teológicos, religiosos, místicos...

Rick - Pois é, e veja que estamos falando apenas de uma grande fazenda. Imagine, agora, que essa fazenda está em um grande município, que se encontra em um grande estado, pertencente a um grande país, que está localizado em um grande continente deste vasto planeta. Daí, se partirmos para o sistema solar e, depois, para a via Láctea e para o universo, você terá a dimensão, ou melhor, a proporção da formiga e de sua visão de mundo em face de toda a existência.

Djalma - É!

Rick - Veja você que nenhum dos pontos de vista está completamente equivocado. No caso do deus tamanduá, o animal existe, há o grande tubo, há utilidade em se praticar o bem. Da mesma forma, o pó "milagroso" existe. Há também o ser de chapéu de palha, que elas chamam de anjo. Ou seja, há verdades misturadas com muitas fantasias. E não podia ser diferente, tendo-se em vista a insignificância do limitado tamanho da formiga, em face do universo em sua infinita grandeza.

Djalma - De fato, e observe que há uma grande tendência a não se enxergar o óbvio.

Rick - Não sei se é uma grande tendência ou se é uma questão conceitual. O que você chama de óbvio, parece-lhe óbvio porque se tornou óbvio, mesmo sem nunca ter sido.

Djalma - Estou gostando da complicação do papo, e tudo isso na cabecinha de uma formiga?, pois bem...

Rick - Ah, não brinca...Veja só uma coisa, antes de Copérnico, todo mundo acreditava que a Terra era o centro do universo. No século XVI ele tornou óbvio que isso não acontecia. Ele propôs o Sol como centro do universo e afirmou que a Terra fazia suas evoluções em torno daquele astro e ao redor de si mesma. Resultado, seu nome foi para a lista de autores proibidos pela Igreja Católica até o século XIX. Hoje em dia você pode dizer que é obvio que isso acontece com a Terra, mas veja que essa obviedade teve um trajeto árduo até ser consagrada como tal.

Djalma - É! E as religiões, então...

Rick - Todas têm suas "verdades" e "fantasias". Todas, também, têm suas conveniências sociais, culturais e políticas. Nenhuma delas foge do fator tradição. A tradição constrói conceitos, nem sempre muito claros, e perpetua saberes místicos por várias gerações. Por exemplo, se voltarmos à questão da Terra. Quem poderia imaginar o equívoco que era ter a Terra por centro do universo, antes de Copérnico? E esse equívoco perdurou por quase dois mil anos, hem?!

Djalma - Rick, vou dormir, agora. Vejo que você, como quem não quer nada, já andou mostrando as unhinhas.

Rick - Qual é, rapaz?!

Djalma - É, querendo ou não já aplicou um bê-á-bá, não foi?

Rick - Bem...

Djalma - Tudo bem, garoto, você sempre foi grande, beijo.

Rick - Beijo.

<h1 style="text-align:center">19 de maio 2013</h1>

DJALMA - Olá, Rick.

RICK - Diiiiga.

DJALMA - De volta.

RICK - Novidades?

DJALMA - Não, tudo na mesma. Só o stress que muda...Para mais.

RICK - Vamos tocar nosso trabalho. Nesses casos, nada melhor que o trabalho para conter o stress. Falávamos sobre o quê?

DJALMA - Bom, não era para falar de nada tão sério, mas você danou a falar das formiguinhas e não quis mais parar.

RICK - Gostou não?

DJALMA - Gostei, o papo foi legal.

RICK - Você sabe que eu nunca fui muito ligado nessas paradas de religião. Nem contra nem a favor. Naqueles tempos em que eu estudava no Colégio Antônio Vieira, tinha aquelas ondas todas de voluntariado, eu só ia porque achava muito legal ajudar e conviver com os meninos.

DJALMA - Até que os jesuítas não se envolviam muito com o projeto.

RICK - É, eu me lembro.

DJALMA - Parece que agora sua opinião está mais amadurecida sobre o tema, não é?

RICK - De fato. Depois do que eu vivenciei por aqui, que ainda não foi muito, diga-se de passagem, passei a ter uma opinião mais bem formada.

DJALMA - Definitiva?

RICK - Olhe, antes, eu talvez lhe respondesse que definitivo, mesmo, só a morte. Agora, vejo que nem o que se chama de morte é definitivo. Na verdade, o corpo fenece. Ou melhor, desliga, não é? Mas, aí, não podemos entendê-lo como uma máquina que desliga. Porque a máquina desliga, liga, desliga e esse não é o caso do corpo. Esse, quando sucumbe, encerra uma etapa na existência de um ser, somente isso.

DJALMA - Podemos dizer então que o corpo é finito e a vida é eterna.

RICK - Não sei se poderia dizer que a vida é eterna. Temos aí um problema de conceito. Vida é o lapso de tempo que transcorre desde o nascimento até a morte. Diria, a existência pode ser eterna, mas ela tem suas etapas.

DJALMA - Olhe, eu tenho uma, uma não, algumas dúvidas sobre isso. Veja se você, com essa sabedoria toda, pode me dar uma luz.

RICK - Diga, se eu souber e puder responder...

DJALMA - Essa conversa de reencarnação, isso existe mesmo?

RICK - Sim e não?

DJALMA - Espera aí, cara, é você mesmo que esta aí ou é um espírito de algum político...

RICK - É, rapaz, é assim mesmo! Poxa, você quer tudo certinho e simples, não é assim, não!

DJALMA - Mas, então, diz aí.

RICK - O quê?

DJALMA - O trem existe ou não, cara?

RICK - Sabe o que eu acho?

DJALMA - Hã?

RICK - Você não queria começar o assunto do livro, coisa e tal, e agora está aí nessa pressa toda.

DJALMA - É, mas aqui é só um bate-papo, não é?

RICK - Ok, vamos lá. Posso dizer que não existe dessa forma precisamente kardecista, mas é até concebível que aceitemos sua existência com algumas variações.

DJALMA - Vai criar um modelito novo, agora, é?

RICK - Quem sou eu para tanto, meu pai? O que eu tenho a acrescentar é muito pouco.

DJALMA - Quer dizer que tem uma mentira muito grande nessa conversa de religião, é?

RICK - Já conversamos sobre isso. Vou repetir e melhorar a explicação. É obvio que esse papo de religião, todo ele, vem de uma inspiração que eu diria...metafísica. Tomando-se por base o velho conceito de metafísica, como sendo aquilo que está para além do sensível, ou seja, para além do que pode ser alcançado pelos nossos sentidos, ou ainda, aquilo que está para além da física.

DJALMA - Bom, você está me saindo um filósofo...Aristóteles está por aí?

RICK - (Risos) Não, não que eu tenha notado.

DJALMA - Sim, desculpe-me a interrupção, continue.

RICK - Porra, meu pai, não mudou nada conversar com você, não é? Suas piadinhas estão cada vez piores. Tente aprimorar um pouco (risos).

DJALMA - Tenho me esforçado (risos).

RICK - Sim, continuando. Essa tal inspiração tem que ser traduzida de um ambiente a outro. Observe que aqui não temos boca pra falar, cordas vocais para vibrar e vocês ouvirem. Aqui, como diriam por aí, a conversa é outra.

DJALMA - Gostei do trocadilho.

RICK - Metonímia.

DJALMA - Que seja, vamos lá.

RICK - Pois é, dessa forma, nós sensibilizamos a turma daí. Ao fazermos isso, cada mente vai interpretar essa sensibilização a sua maneira, em função de muitos fatores. Influem, desde os valores pessoais de cada um, o conhecimento, experiência de vida, desprendimento, nível intelectual, preconceitos, grau de instrução, coragem, disposição etc.

Djalma - Compreensível. Ao se ler um texto, essa variedade também pode ocorrer de leitor para leitor.

Rick - Como assim?

Djalma - Veja como entendi sua colocação. Todo tipo de sinal ou informação que chega para a gente é como se fosse um texto escrito. Se você dá algo para alguém ler, as reações, a partir do que está escrito, podem ser diversas.

Rick - Sim! E reforço, não só o comportamento após a leitura pode ser variado, mas o próprio significado a partir daquele significante pode ser outro, em função de quem o receba.

Djalma - Tem um caso bem clássico do bilhete enviado pelo filho estudante que morava longe dos pais. O pai recebeu bilhete e o entregou revoltado para a mãe com a seguinte observação, "veja que desaforo desse moleque, podia ser mais educado, ouça só como ele escreveu", e passou a ler com a voz ríspida e tom de ordem: "pai, estou precisando de dinheiro, vê se pode depositar amanhã". A mãe, incrédula daquela falta de educação do filho, tomou o bilhete das mãos do pai, pôs os óculos e leu, com a tez mais tranquila e em voz baixa, enquanto sorria. "Ah, meu velho, você leu errado, eu vejo aqui muita doçura e saudade nessas linhas, quer ver, ouça o que está escrito." E passou a ler o mesmo texto com uma voz cheia de ternura.

Rick - Entendeu bem, guardando as devidas proporções, é por aí mesmo. Só que em nosso caso a confusão é ainda maior. Como as religiões, normalmente, estão cheias de dogmas imutáveis, muitas vezes falamos "queijo" e o indivíduo entende "macaco"; falamos "elefante" e ele entende "sentar", tá ligado? Há casos de completa confusão e outros de má-fé mesmo.

Djalma - Verdade?

Rick - Bom, tem os finórios, que todo mundo conhece, que faz aquele teatro místico para engabelar os incautos; e tem os vaidosos, que não cobram nada, mas ficam naquela de mensagens pasteurizadas, cheias de luz e santidade. Chegam a encher páginas e páginas de livros, com teorias as mais diversas, sempre naquele tom angelical. E tem cada um com uma imaginação de primeira, viu?

Djalma - É, acho que o pessoal curte aquela de ter o poder de conversar com o parente morto do outro. Isso, de certa forma, dá um certo prestígio, adoça a vaidade. Agora, aproveitando o ensejo, eu gostaria de te perguntar uma coisa.

Rick - Diga.

Djalma - É sobre esse assunto mesmo. Bem, o espiritismo diz que a pessoa tem várias encarnações; que em cada uma delas assume uma personagem diferente; que na vida seguinte nada se lembra das vidas pregressas. Eu fico aqui comigo pensando, que confusão da zorra! Quando a pessoa desencarna, o que a obriga a continuar com a última personagem e não retornar à primeira, por exemplo?

Rick - (Risos) Acredito que devam seguir normas, não é?

Djalma - Que normas?

Rick - Ora, você quer saber sobre o espiritismo, a melhor pessoa para o doutrinar não sou eu. Procure nos *Livro dos Espíritos*, *O Céu e o Inferno*, *O Evangelho Segundo o Espiritismo* e tantos outros deixados por Alan Kardec para instruir os interessados.

Djalma - Bem, desculpe-me, pensei que seria mais fácil ouvir de você.

Rick - Pense na lógica do sistema kardecista. Cada reencarnação teria a função de aprimorar o espírito. Ora, seria lógico que o indivíduo, ao desencarnar, mantivesse o modelo mais aprimorado, não é?

Djalma - Tem lógica. A dúvida surgiu porque tem tanto indivíduo malfeitor nesse mundo que às vezes eu me pergunto, no caso de se aceitar a concepção kardecista, será que esse indivíduo, admitindo-se encarnações anteriores, conseguiu ser pior do que está sendo?

Rick - (Risos) Seria um caso de involução? Ah, vamos deixar essa conversa para quem se propõe a entender do traçado.

Djalma - Agora, pergunto-lhe, a relação catolicismo versus espiritismo, como pode ser vista.

Rick - Rapaz, você é insistente, não é? Olhe, já que você insiste, primeiro a gente tem que ter alguns fundamentos para entrar nesses assuntos. O primeiro deles é que temos que respeitar a religião alheia. O mundo como um todo é tão vasto e complexo que tem espaço para as ideias mais estapafúrdias, por incrível que pareça. Obviamente que, da mesma forma que ocorre no mundo da vida encarnada, por aqui há pessoas de vários tipos de conhecimento, experiências, ideias, gostos etc. Assim, quem chega está livre para procurar seus espaços. Mas falo assim por falar. Quando digo espaço, não queira entender algo como o espaço físico de vocês, é algo diferente.

Djalma - Como assim?

Rick - Vá lá, vai. Você vai me poupar de fazer aqueles exercícios de imaginação que fazem os psicógrafos para tentar descrever com palavras o que me parece impossível de traduzir.

Djalma - Está enrolando? Vão dizer que esse diálogo nosso é coisa de finório.

Rick - Ô..!

Djalma - Quer dizer que a pessoa continua com os conhecimentos daqui. Aqueles conhecimentos técnico-científicos, de escola, faculdade?

Rick - Em termos, sim.

Djalma - Porra, velho, deixa de ser enrolão. Negócio de "em termos", desembucha aí, vai.

Rick - Bem, meu pai, é que a coisa é meio difícil de explicar. Veja bem, começa pela desnecessidade. Para que diabos o cara vai precisar lembrar de como se conserta um aparelho de ar-condicionado, por aqui?

Djalma - Não precisa, mas lembra. Ora, o aposentado não trabalha mais e ainda se lembra de seu ofício.

Rick - Sim, mas a parada é outra. Segundo, muita coisa que se aprende se guarda no cérebro. Ora, mas aqui já não se tem cérebro, esqueceu?

Djalma - Espera aí, você está aí falando comigo e tem me trazido muitas informações sobre as quais não conversávamos com tantos detalhes quando você estava por aqui; onde você arrumou cérebro para tanto raciocínio e conhecimento?

Rick - (Risos).

Djalma - Tá rindo de que, macaquinho, engasgou com a pergunta, foi?

Rick - Não. É que você, hoje, está com a corda toda. Ávido por respostas. Está planejando fazer um turismo, é? Olhe que turismo para cá é sem volta.

Djalma - Deixe, viu?! Deixe que com essa eu vou dormir. Depois o engraçadinho sou eu.

Rick - Quem herda não furta, não é assim o ditado (risos).

Djalma - Boa noite e um beijo.

Rick - Um beijo, meu pai.

23 de maio de 2013

Djalma - E aí, Ricão?

Rick - Na boa.

Djalma - Desculpe-me pela demora, cara, tudo tem sua explicação.

Rick - Não estou reclamando de nada.

Djalma - Mas eu quero dar a desculpa, é que quando eu começo algo gosto de continuar a fundo. E esse nosso projeto ainda está tropeçando.

Rick - Não vejo assim, não. Acho que você tem se dedicado bastante. Seus estudos também contam. Você mesmo disse isso.

Djalma - Óbvio que sim. Aliás, você, de certa forma, corroborou esse meu entendimento.

Rick - Foi?

Djalma - Sim. Lembra que você disse que necessita da massa cinzenta de quem está aqui para poder se manifestar.

Rick - De certa forma, Sim.

Djalma - Pois é. Tenho procurado trazer mais elementos para nosso projeto. E faço isso ao encher minha cachola — que agora, vejo, tem sido nossa — com novas informações, até para você se soltar melhor em suas explicações.

Rick - É, mas acho que você vai ter que explicar algumas coisas, também. Não tem como eu ter acesso a tudo. Afinal, meus discursos pessoais também me limitam.

Djalma - Bom, no que depender de mim, a única limitação será minha capacidade, porque boa vontade não vai faltar.

Rick - Toca aí algo dessa semana.

Djalma - A questão da realidade. Tenho lido isso em Schopenhauer.

Rick - Um banho de vaidades.

Djalma - Hã?

Rick - Esses filósofos. Mas há muita coisa interessante dentro do que queremos conversar. Por exemplo, a questão da hegemonia da religião católica. Veja que ele fala que a religião católica tem esse querer de ser a dona da verdade. Sua postura teísta tem fundamentos na tradição, em sendo assim, traz conforto, pois é linguagem dos antepassados, é cultura. Mas Schopenhauer faz destaque para o fato de que tem muito mais gente no mundo adepta do islamismo, por exemplo, do que da doutrina católica.

Djalma - E quem está certo nisso tudo?

Rick - Como assim?

Djalma - Qual a religião correta? É a quantidade de fiéis que determina a credibilidade de uma crença?

Rick - Que é isso, cara? Você está naquela linha de que a voz do povo é a voz de Deus, é?

Djalma - Só perguntei.

Rick - Quantas vezes na história hordas caminhavam errantes e um único cérebro as conduziu a algum lugar seguro? Ou o inverso, quantas vezes grupos imensos de pessoas fizeram sua a voz de um louco que levaram morte e infortúnio a tantos?

Djalma - De fato.

Rick - Lembre-se de que já falamos sobre a necessidade de não cutucarmos a religião alheia. Religião é escolha. Se alguém resolve escolher uma doutrina para se orientar na forma de se conduzir, que vá adiante.

Djalma - É, mas religião, vai lá e vem cá tem descambado para o fundamentalismo e feito muitas vítimas.

Rick - É difícil fugir disso aí. Pode-se minorar essas consequências com uma educação regular mais crítica. Excessos sempre vão ocorrer. Malucos, obsessivos, malandros e outros tipos exóticos e extravagantes são espécimes longe da extinção. Além disso, incautos para lhes dar ouvidos, sempre haverá, aos montes. Olhe bem, eu não estou dizendo aqui que você tem que ter uma religião. Estou dizendo que não vejo nada demais em se ter uma, seja ela qual for, desde que não incomode os demais em suas próprias escolhas.

Djalma - Entendi. O mal não está, então, naquilo que você venera, ou como venera; mas o que você faz com o que venera em face do outro, ou seja, do direito alheio.

Rick - Por aí. Por exemplo, uma postura curiosa é o crente de determinada igreja, em vez de se preocupar em cultuar suas divindades, ocupar-se em criticar a religião do vizinho.

Djalma - Tem razão. Eu não tinha dialogado sobre essa política de tolerância com você por aqui, tinha?

Rick - Conversamos. Você não se lembra, mas numa daquelas madrugadas insones, enquanto eu preparava meu lanche, você chegava de seus livros...

Djalma - Vagamente...

Rick - Agora, aquelas ideias ficaram mais firmes em minha mente. Com esta minha nova situação posso vislumbrar melhor a verdadeira função de uma religião. E isso, garanto-lhe, é assunto para muita conversa.

Djalma - Pois sim, vamos tocar.

Rick - Vamos. Mas lhe adianto alguns pontos. Primeiro, não sou nenhum profeta. Segundo, longe de mim ser alguma santidade iluminada. Terceiro, o que eu falo está longe de ser uma verdade incontestável.

Djalma - Oxe, prepara tanto assim para dizer o quê, então?

Rick - Bem, é que se trata apenas de um ponto de vista, com base em minha situação atual; ademais, lembre-se de que dependo de sua visão de mundo e de seus valores para me posicionar. Essa tradução pode trazer alguns ruídos.

Djalma - Obrigado pela parte que me toca.

Rick - Não se ofenda, meu pai. O que eu quero é evitar que se crie mais uma religião ou alguma forma de mais um culto absurdo, o que não contribuiria em nada para a felicidade humana e para a mensagem que queremos transmitir.

Djalma - Não esquenta, falei por brincadeira. Mas, segue aí, vai.

Rick - Temos que voltar para os primórdios, afinal, desde que o homem é homem que essa parada de religião apoquenta seu juízo.

Djalma - É, mas acho que essa fragilidade do ser humano diante deste mundão imenso e tão cheio de forças poderosíssimas é a razão disso, não?

Rick - Sim, mas não é só isso, não. Tem mais fatores por aí. Não sei se sou capaz de elencar todos, mas posso chegar a alguns importantíssimos.

Djalma - Mas aí...

Rick - Hem?

Djalma - Quase duas da manhã, carinha, vamos deixar pra outro dia, o esqueleto velho aqui está pedindo descanso.

Rick - Vá lá, vá descansar. Depois continuamos.

Djalma - Grande beijo.

Rick - Beijo.

29 de maio de 2013

Djalma - Alô?

Rick - Estamos aí...

Djalma - Lágrimas...

Rick - Hã?

Djalma - Sempre o primeiro sinal de sua presença são lágrimas de saudade.

Rick - É...Vamos ter de conviver com isso, não é? Pelo menos por um bom tempo.

Djalma - Claro. Acho que o fato de demorarmos de nos falar, também, contribui.

Rick - É, esquece isso e vamos trabalhar. Tem meditado, não é?

Djalma - É, nessas minhas pesquisas, encontrei esse achado.

Rick - É bom, isso é sempre muito bom.

Djalma - Nunca vi você muito ligado nessas coisas quando estava por aqui, porque a mudança?

Rick - Poxa, pense bem, se você estiver muito encucado com algo, você consegue paz para meditar?

Djalma - Olhe, se a encucação for muito lastimosa não tem concentração certa.

Rick - Pois é. Então, já encontramos um ponto positivo para a meditação; se você está conseguindo realizá-la é porque tem conseguido paz interior suficiente.

Djalma - Ainda estou meio desinformado sobre o assunto. O pouco que ouvi fala de uma energia cósmica, corpo astral e coisas afins, é isso mesmo?

Rick - Olhe, meu pai, eu não sei por que é que vocês acham que quando a gente sai daí vira enciclopédia. Porra, velho, eu já te expliquei que tem informação que eu tiro de tua própria cachola, cara. Lembra quando você me perguntou sobre o espiritismo? O que foi que eu te disse?

Djalma - Para ler Alan Kardec...

Rick - Isso aí. Quer saber mais sobre religiões orientais, vai ler, meu velho. O que eu posso acrescentar é muito pouco.

Djalma - Porra, Rick, eu estou querendo publicar algum troço sobre esse nosso papo, cara. E aí, o leitor vai ler o quê, previsão do além sobre o clássico de futebol da semana? Eu imaginava algo como respostas sobre mistérios humanos, revelações sobre religiões e coisas do gênero.

Rick - Porra, continua imaginando, vou fazer o quê? A imaginação é tua, não é?

Djalma - Sim, mas você bem que pode dar uma embaladinha aí? Tem muita gente carente de novas informações sobre o tema.

Rick - Meu pai, falar sobre religião, logo eu que nunca fui adepto de nenhuma delas?

Djalma - Bem sei, mas sei também que você sempre foi um cara muito inteligente e sagaz e nessa nova situação pode dar uma contribuição e trazer um conforto bem legal a quem está por aqui.

Rick - Está bem, então observe, vou fazer uma parábola e veja se você entende. Imagine um grupo de cidadãos presos em uma planície. De um lado você tem um paredão de um fogo inextinguível que avança cada vez mais, a cada dia, sobre o grupo. Do outro, você tem um abismo de mais de cem metros de altura que dá para um lago profundo. De onde eles estão não conseguem enxergar a superfície do lago. Como o local é muito estreito, vez por outra cai um de lá de cima. Os que permanecem ficam aterrorizados com as partidas eventuais. Dentro do grupo, o que temos? Uma boa parte estuda e trabalha diuturnamente para encontrar soluções para os diversos problemas da comunidade; outra parte só se preocupa em faturar para ter conforto. Para estes, o mais importante é gozar o pouco de tempo que ainda lhes resta por ali. Outros, bem poucos, vivem para enganar os demais e furtar o trabalho dos que laboram. Ah! Tem ainda aqueles que passam dias e dias orando em busca de um ser todo-poderoso que os acolham em sua bem-aventurança, com rezas e ritos para todos os gostos.

Djalma - Já sei, você vai me perguntar quem é que está com a razão, não é?

Rick - Não. Você está mal hoje, hem, meu pai? É justamente isso que eu não quero fazer. A princípio, eu não quero perguntar nada. Apenas apresentar a parábola para que você reflita.

Djalma - É...sim, refleti, e daí? Porra, se ficar o fogo pega, se andar o abismo come...

Rick - Esqueça o abismo e o fogo. Esses elementos são invariáveis na história. Veja que tem alguém trabalhando com afinco para solucionar problemas da comunidade. Problemas do dia a dia, que surgem independente do fogo e da água.

Djalma - E enquanto isso o povo se lança morro abaixo...

Rick - É, isso é aparentemente impossível de deter naquelas condições, como visto.

Djalma - Desse mato ainda não saiu coelho nenhum. Qual é a lição da parábola?

Rick - Pois é. O problema é justamente esse, na história não tem coelho, não tem cartola, não tem magia. Quando o fogo atingir todo o restante da planície, o que vai ocorrer?

Djalma - Provavelmente o povo todo vai se lançar no lago, morro abaixo.

Rick - Exatamente. Mas é necessariamente isso que vai acontecer?

Djalma - Pelo visto, sim.

Rick - Ah, meu pai, deixe de ser pessimista. Eu estou falando de pessoas e não de um grupo de carneiros.

Djalma - Sim, e daí, você quer que eu diga que eles vão ligar para os bombeiros e virão helicópteros para salvá-los etc etc.

Rick - Não, nessa parábola vamos abstrair o mundo exterior. Só existem eles e pronto. Continue...

Djalma - Continuar? Continuar o quê? A empurrar o povo abismo abaixo?

Rick - E aí, você acha que essa é a solução para o problema da parábola, a morte definitiva como uma pragmática do destino, dada pelo fogo e pelo abismo?

Djalma - E não é? Você queria mais o quê, um milagre?! Anjos alados viriam do céu para salvar o restante das pessoas?

Rick - Veja que você já vislumbrou algo.

Djalma - O milagre? Ah, então você me faz pensar tanto para dizer que um milagre vai salvar a galera. Rapaz, ficou meio ralé essa aí, viu?

Rick - Venha cá, meu pai, o milagre já aconteceu?

Djalma - Ainda não?

Rick - Pode acontecer?

Djalma - Aí depende do dono da história, não é? Se for um crente em milagres, até que pode, a história é dele.

Rick - Bom, o certo é que a única coisa que temos certeza é que o milagre ainda não aconteceu. O outro lado, ou seja, se vai acontecer ou não, ainda está no âmbito das especulações, não concorda?

Djalma - Aonde você quer chegar, afinal?

Rick - Nas perguntas que você tanto queria. O que vai acontecer com esse povo e o que ele deve fazer para suportar o sofrimento da angústia do mal tão peremptório que se aproxima? Todos eles têm a mesma expectativa de futuro? E o que aconteceu com as pessoas que caíram no lago, morreram, foram devoradas por monstros?

Djalma - E tem monstro? Não tinha nem bombeiro e já tem monstro?

Rick - Bem, dê um tempo, dê um tempo...Porra, meu pai, leva um pouco mais a sério esse merda, vai!

Djalma - Legal, desculpa, vai. Está bem, ficamos no milagre. Ele seria responsabilidade de quem, da turma que reza?

Rick - Ou de que estuda e trabalha?

Djalma - Hã?

Rick - Tem milagre maior do que o que a gente vê todos os dias?

Djalma - Bem, aí depende do ponto de vista.

Rick - Você quer dizer que depende do conceito de milagre, não é isso?

Djalma - Claro, claro! Bom, vamos contar como milagre somente fatos sobrenaturais, senão a gente generaliza e começa a fazer poesia.

Rick - Sim, tomemos por aí...Sobrenatural. Você já sabe o que é isso?

Djalma - Bom, eminência, no contexto em que estamos analisando, nome já diz tudo; o que está além do natural, ou seja, que pode contrariar as leis da natureza.

Rick - É. Sua senhoria poderia então me dizer que leis são essas?

Djalma - Bom, leis da natureza, Rick, ora, então você não sabe? Que diabos você fez na escola durante tanto tempo, garoto? Temos as leis de Newton, de Kepler, da causalidade, enfim, todas aquelas leis que arranjam o universo.

Rick - Leis, leis, mas, enfim, que seriam leis?

Djalma - Você quer entrar mesmo nesse tema?

Rick - Sim, resuma aí, só para compor nosso raciocínio.

Djalma - Bem, no caso da natureza, eu diria ser uma relação constante que sempre ocorre entre fenômenos, se mantidas as mesmas circunstâncias. Por exemplo, dada uma pedra a certa altura, se a soltamos ela despenca, atraída pela massa da Terra.

RICK - Muito bem, meu pai, fez bem o dever de casa. Então, obviamente, não haveria milagre algum se a pedra cair.

DJALMA - Não, se nos ativermos aos conceitos acima...

RICK - Pois é. Então, vamos fazer assim, vamos transportá-lo, agora, para o século XIX. Você está numa audiência com D. Pedro II, no Rio de Janeiro.

DJALMA - Ei, espera aí, eu tenho pelo menos que passar um pente no cabelo, não é? Afinal, estamos falando do imperador.

RICK - Não, vá assim mesmo, de pijama e chinelos, e não se esqueça de seu celular.

DJALMA - Rã...Já estou lá, em pleno palácio. Enquanto aguardo sua excelência sair do banho, troco umas ideias com a princesa.

RICK - Sim, aí você ouve uma campainha tocar bem alto.

DJALMA - Alguém na porta, é o Visconde de Itaboraí.

RICK - Não, dessa vez, não. Olhe bem, a princesa está espantada, não só com as bolinhas horrorosas de seu pijama, mas também com o som da campainha.

DJALMA - Bem, talvez o despertador que vem me acordar desse sonho estúpido.

RICK - Não, meu pai, esse sonho é experimental, fique nele e observe em seus bolsos. É seu celular que toca.

DJALMA - E eu atendo?

RICK - Sim, é Felipe que te chama lá da Coreia do Sul, deu saudades, sabe como é, filho longe de casa a estudo...Ele pede para você acionar a câmera do smartphone.

DJALMA - No século XIX?

RICK - Sim. A princesa se levanta espantada. Fica olhando para você. Vai se aproximando, se aproximando...Cada vez mais curiosa. Você autoriza a chamada via câmera e a imagem de Felipe surge na telinha. Aí, o que é que a Princesa exclama?

DJALMA - "Milagre!!"

RICK - Não, ela exclama: "afinal, o que é isso, seu Djalma ?!!!"

DJALMA - Bom, e eu?

RICK - Você, naturalmente, vai explicar que é seu filho, que ele está estudando em outro país e que, saudoso, ligou para baterem um papo.

DJALMA - E ela, qual a reação, agora?!

RICK - Nenhuma.

DJALMA - Nenhuma?

RICK - É. É que nesse momento entra na sala o grande D. Pedro II e ela volta o olhar para o pai. Pouco depois, toma o aparelho de suas mãos e corre até o imperador, completamente extasiada.

Djalma - E...

Rick - Bom, ela gagueja, mostra, tenta explicar o que é, para ela, inexplicável...

Djalma - E o imperador, o que diz?

Rick - "Milagre!!"

Djalma - (Risos) Quer dizer que só agora saiu o "Milagre!!".

Rick - Sim, claro, mais valorizado, afinal, foi o imperador quem exclamou.

Djalma - Venha com essa...Afora as brincadeiras, eu entendi. Quer dizer, para eles, naquela época, um celular contrariava todas as leis da natureza conhecidas até então. Ou seja, seria, conceitualmente, um verdadeiro milagre.

Rick - Exatamente. Mas o que eu quero dizer também é que as leis da natureza existem independente de nós as conhecermos. Isso quer dizer que o que para nós é um milagre numa época tende a virar ciência em outra, está ligado?

Djalma - É, e enquanto isso a galera do barranco está se espatifando no lago. Já deu solução para aquele pepino lá?

Rick - (Risos) Tem solução, não. Reflita, agora, sobre a turma das orações, dos estudos e trabalho daquela parábola. Já que você gosta que eu faça perguntas, voltemos a elas. Quem você acha está mais apto a proporcionar um milagre por lá, afinal?

Djalma - Bem...Isso aí você já perguntou...

Rick - Não, não, antes de você responder, quero lhe adiantar que as orações e as meditações têm grande valia e que não devem ser desprezadas. É com elas que a comunidade consegue forças, quando o desânimo de várias tentativas fracassadas, em busca de soluções para a vida, começa a abater os ânimos. Minoram também os sofrimentos nas perdas, nas doenças, nos períodos de escassez etc etc. Além disso, é uma forma de acesso a um mundo interior de reflexões, fonte de uma postura ética mais saudável.

Djalma - Mais das vezes, você quer dizer.

Rick - Hã?

Djalma - É, porque nem sempre a reflexão leva a boas ações. Bandidos, às vezes, também pensam solitários quando estão a refletir sobre o próximo golpe. Aliás, quantas vezes em filmes, novelas e coisas do gênero vemos o facínora se benzer antes de matar ou roubar?

Rick - Você me fez lembrar de *Zeca Diabo*, personagem de Dias Gomes na novela *O bem amado*; era bem assim.

Djalma – Pois, pois. Devemos pensar sempre sobre a qualidade das reflexões e meditações. A história está cheinha de fanáticos religiosos que levaram muita gente ao infortúnio.

Rick - Nisso você tem lá suas razões. Daí meu medo de você divulgar nossas conversas e a coisa tresandar em religião, o que não seria benefício para ninguém.

Djalma - Minha segurança quanto a isso é que ninguém iria me querer para bispo, tampouco você para santo. Mas acredito que poderemos fazer ver a cada um o quanto é fácil entender o que está muito claro e evitar o equívoco das fórmulas mágicas e enganosas.

Rick - Pegue leve para não conversar demais. Nós também não somos donos da verdade. Afinal, um pouco de encantamento não faz mal a ninguém.

Djalma - É, de fato, não tem coisa mais linda do que a imaginação de uma criança. Mas o adulto que vive muito encantado sofre muito mais quando o encantamento se vai. Por exemplo, a questão da "vida" após a morte, para mim, ainda é um encantamento mal resolvido pelas religiões e pouco adequado ao tamanho do sofrimento para quem fica.

Rick - Venha de lá (risos)! Que é que você tem contra meu atual estado? Por que essas aspas em "vida" quando você fala em depois da morte?

Djalma - Não se apoquente, Riquinho (risos), é questão de polêmica conceitual, conforme já conversamos. Afinal, falar de vida após a morte é um pouco forçado, não é?

Rick - Tá perdoado. Sendo assim, então é melhor afirmar que a morte não existe do que se falar em "vida" após a morte.

Djalma - Claro. Se a morte é, por definição, o fim da vida, como entender a vida após seu próprio fim? Ora, se isso ocorrer é porque, de fato, o fim não houve; e se não houve o fim da vida não houve morte.

Rick - Bom, alguém pode retrucar que é a morte do corpo, mas aí já mudou o discurso.

Djalma - Deixando a verborragia de lado, voltemos às religiões e suas propostas sobre a pós-vida corporal. Tem discurso por aí que é de dá nó na cabeça do fiel, não é? Você acha mesmo que essas religiões, a partir de alguns mitos e ritos tão arcaicos, tem alguma utilidade para o ser humano?

Rick - Eu já falei. Acho que essa seara religiosa é sempre muito delicada. Mas, enfim, faz parte da cultura humana e acredito que tenha lá suas funções sociais dentro do contexto do desenvolvimento da humanidade. Entendo, claro, que às vezes as religiões abusam, mas a religiosidade e os ritos religiosos, repito, tiveram, sim, até então, uma função importante na sociedade humana. Lógico que espertalhões — que se aproveitam da boa fé do povo em busca de prestígio, dinheiro e poder político — sempre houve e vai haver, enquanto existir a palavra religião na face da terra.

Djalma - Machado de Assis dizia que Deus inventou a fé e o amor e o diabo fez as pessoas confundirem isso com religião e casamento.

Rick - É, você já lembrou isso antes; é mais ou menos por aí. Apesar de que amor é um conceito muito amplo, não é?

Djalma - Quer discutir esse tema?

Rick - Iiii, dá mais do que um livro. Já leu "O banquete" e "Fedro" de Platão?

Djalma - "O banquete", já; "Fedro", ainda não.

Rick - Leia! Precisamos desses dados para a discussão.

Djalma - Porra, sobrou para mim, foi?

Rick - Não é nada, você gosta de ler.

Djalma - Mas eu não quero saber a opinião de Platão, quero saber a sua.

Rick - Sinto-me lisonjeado; abstrair de Platão para me dar preferência...

Djalma - Veja aí o prestígio que você tem comigo.

Rick - Está bem, está bem, o que é que você quer que eu diga sobre o amor.

Djalma - Já liberou a galera lá do morro, estou preocupado.

Rick - Que morro, rapaz?

Djalma - Lá, lá do fogo. Fico aqui só imaginando aquele povo caindo e caindo do abismo. Chego a ouvir os gritos.

Rick - Olhe aí a mais bela expressão do amor para mim, a compaixão. Não, não se preocupe, enquanto houver gente séria trabalhando e estudando, as forças em vigor serão usadas para ajudar, sejam elas quais forem. Com trabalho e estudo, em vez de destruir a vida, essas forças serão mais bem conduzidas para a felicidade de todos. Com esforço e inteligência haverá sempre uma solução que fará a humanidade trespassar o tempo que se teria como expectativa de fim, como veremos. Você vai entender melhor daqui a mais algumas conversas nossas.

Djalma - Estou ansioso, viu? Mas, agora, acho que vou dormir, grande beijo, Rick.

Rick - Beijo, meu pai, descanse bem.

30 de maio de 2013

Djalma - Bom dia, Rick.

Rick - Bom dia.

Djalma - Navegou bem, ontem, não foi?

Rick - Navegamos.

Djalma - Eu disse isso para lembrar seu mote...

Rick - Sou um barco a navegar (risos).

Djalma - Sim. Seu poema aos onze anos. Pra mim o mais expressivo que já li até hoje.

Rick - Se você quer dizer que tive algum mérito nisso, obrigado. Aliás, bem lembrado, vamos continuar navegando. Velas a postos e vamos em frente!

Djalma - Vamos. Continuo abismado com a sua mudança. Muitas coisas que discutíamos nas descontraídas madrugadas, por aqui, estão, agora, muito mais maduras.

Rick - É como você mesmo dizia: "ô, meu filho, fazer o quê?" Estamos aí, afinal, a vida sempre continua; ou a existência, como queira, não é?!

Djalma - Curioso como muda nossa visão de mundo quando ocorre algo brutalmente inesperado para nossos valores.

Rick - Claro! A gente, às vezes, acha que a harmonia do universo se resume ao tipo de vida que levamos ou planejamos alcançar. De repente, por algum revés do destino, vemos que a sonhada estabilidade não existe. O que ocorre é que a verdadeira ideia de uma estabilidade definitiva e individual, como muitas vezes imaginamos com nosso egoísmo cego, é imponderável sob a ótica pessoal; ela só poderia ser avaliada se pudéssemos considerar as infinitudes que circundam uma existência, o que é impensável.

Djalma - Traduzindo em miúdos?

Rick - Como?

Djalma - Existir é prosseguir, labutar e aprender sempre com as novas descobertas e mudanças.

Rick - É fato. A sua reação às mudanças refletirá seu grau de aprendizagem na vida, tão necessário a uma existência feliz. E nessa aprendizagem a maior lição é que a fila sempre anda para que todos tenham oportunidades; quando isso ocorre não há perdas.

Djalma - Então, se um indivíduo jovem, saudável e bonito perde esses atributos devido a um acidente, não perde nada? É estranha essa lição, pelo menos eu acho.

Rick - Ora, meu pai, a perda é apenas ilusória. Daí a necessidade de uma busca constante de sabedoria. Em qualquer situação em que o ser vivo se encontre, sempre haverá ocasiões para sua realização e felicidade. A perda que ele imagina ter nunca houve. Aquela etapa acabou, começou outra. Se ele ficar preso à fase anterior, será vítima de sua própria estupidez, unicamente. Deixará de observar as novas e infinitas oportunidades que estão a lhe bater à porta.

Djalma - Então, pelo seu raciocínio, o pior que pode acontecer a uma pessoa é a acomodação.

Rick - Em termos, sim. Falo em termos porque a rigor uma acomodação individual e permanente não existe. Na verdade, você falou em acomodação, mas deveria ter dito que o pior que pode ocorrer a uma pessoa é não compreender que sempre haverá mudanças, e que certas mudanças são inevitáveis, irreversíveis e nunca representam uma perda absoluta. Isso temos que ter em mente, mudanças sempre ocorrerão, mais cedo ou mais tarde. Veja você que imaginar um universo parado de tudo é muito difícil. Mesmo trancado em um quarto completamente escuro, no mais profundo silêncio, ainda assim você sentirá seu corpo, sua respiração, o chão sob seus pés. Se parado no meio do universo, sempre haverá ao longe uma luz diminuta que representa algum tipo de movimento.

Djalma - Mas, diga aí, o que você quer entender como estabilidade e harmonia?

Rick - Para ser simples, digo que estabilidade também é permanência; harmonia tem a ver com proporcionalidade, equilíbrio.

Djalma - Veja como a coisa se complicou em minha cabeça. Estabilidade você quer entender como permanência. Mas você disse que numa existência não há permanência? Então, há uma contradição, pelo menos aparentemente. A tal da eternidade não seria uma permanência?

Rick - Foi boa sua colocação. Vou retificar. A existência de um ser vivo é perene, porém, sob certos aspectos. Quando há uma transformação, alguma coisa sempre perece para outra surgir em seu lugar.

Lembre-se, existir é interagir sempre. Ninguém ou nada existe sozinho. Mesmo uma pedra influi e sofre influências. Se eu interajo com você, de alguma forma, altero algo em seu estado de ser. Da mesma forma em sentido inverso. A interação mútua entre os seres animados e inanimados gera mudanças de estado. Portanto, não podemos confundir eternidade com imutabilidade.

Djalma - Como podemos entender uma mudança na eternidade? Só ha duas alternativas, ou a eternidade existe ou não existe. Logo, se houver mudança deixa de ser eternidade.

Rick - O que você está querendo é fazer uma complicação desnecessária. Entenda o seguinte, se almejamos a eternidade para a completude do ser humano integral, temos que conquistá-la com o trabalho de toda a humanidade. A única coisa absolutamente eterna em nós, que não depende de nosso trabalho para não perecer, é a fase sempiterna do espírito, por ser ela da mesma essência do Uno. Adiante poderemos falar mais sobre isso.

Djalma - Filosoficamente a questão do "existir" é bem mais complexa.

Rick - Bom, você tem mais cabedal do que eu para tocar essa tese, mas eu não quero levar o papo para essa direção. Acho meio chata e desnecessária ao que buscamos.

Djalma - Cansativa até, não é?

Rick - Ô...Mas, entenda bem o que eu disse. A perenidade do Ser depende da permanente transitoriedade dos estados pelos quais esse Ser passa e com ela não deve ser confundida. Podemos repetir com segurança o ensinamento de Heráclito quando ele afirmou, há mais de dois mil anos, que a única coisa perene é a mudança. Eu só ressalvaria a fase sempiterna do espírito, que é absolutamente eterna, como já falei.

Djalma - Rick, vou parar um pouco para sanar o deficit gerado por uma mudança aqui. Trata-se da fome que ora sinto. Vou jantar e já retorno.

Rick - Vá em frente, meu pai. Beijo.

Djalma - Beijo, Rick.

04 de junho de 2013

Djalma - Olá, carinha, acabei não voltando naquele dia, perdoe-me.

Rick - Não esquenta. Que é que traz de novo?

Djalma - Bom, acho que ainda resta uma dúvida sobre o papo anterior.

Rick - Mande lá.

Djalma - Você disse que a existência de um Ser vivo é perene, mas acrescentou que só sob certos aspectos. Como assim, então a vida não é incondicionalmente perene, eterna?

Rick - Rapaz, é cada uma complicada, viu? Sei lá, vou tentar um esforço para colocar meu ponto de vista atual. Pensando bem, você não acha melhor amadurecermos mais esse papo, antes de tentarmos uma explicação desse tipo?

Djalma - Como assim?

Rick - Bem, a crença na vida eterna, do jeito tradicional, é um fator condicionante da felicidade e do comportamento de muitas pessoas, a gente tem que ter tato para lidar com um assunto desse.

Djalma - É...Se você acha isso, deve ter muita coisa no tema, não é? Se tem tanto mistério assim, eu prefiro não opinar e deixar a seu critério.

Rick - Não é bem por aí, não. Eu não estou querendo fazer mistério. Aliás, como eu já falei antes, não há mágica. O raciocínio é simples quando se depura a complexidade inerente à própria fonte, ou seja, ao mundo. Mas, vamos começar.

Djalma - Vamos lá.

Rick - Digamos que você fosse um homem das cavernas e tivesse debaixo de um sol muito quente, depois de uma fatigante caçada. Você vai passando pela Avenida Vieira Souto e entra em um hotel.

Djalma - Espera aí, espera aí! Eu sou um homem de Neandertal e vivo na Terra há duzentos mil anos?

Rick - Sim, imagine isso aí para facilitar a parábola.

Djalma - E passo pela Avenida Vieira Souto, no Rio de Janeiro, e entro em um hotel?

Rick - Sim, é por aí, ouça o resto...

Djalma - Rapaz, tuas parábolas são meio cavernosas, não? Coloca aí, então uma máquina do tempo. Você assistiu ao filme "De volta para o futuro"?

Rick - Assisti, meu pai, assisti.

Djalma - Pois, então, põe aí um cientista maluco ou coisa assim...

Rick - Vá lá, vá lá, tem um cientista maluco que te levou do paleolítico para o Rio, em 2013. Satisfeito?

Djalma - Bom, melhorou. Aproveito para ver a copa das Confederações.

Rick - Esqueça isso, que você é um homem pré-histórico, lembra?

Djalma - Estou brincando, vai, continua. Estou entrando em um hotel, na Vieira Souto, e aí?

Rick - Bem, você, obviamente, não sabe que aquilo ali é um hotel. Aliás, você nem sabe o que é um hotel. Entra, espantado, olhando para tudo. Por acaso, ninguém nota sua presença e você chega a um sanitário. Talvez, atraído pela água, já que você está com muita sede.

Djalma - Hum, já sei onde você quer me empurrar.

Rick - Torneiras fechadas, você com sede em um sanitário, onde você vai satisfazer sua necessidade?

Djalma - (Risos) Porra, não dá para comprar nem uma mineralzinha?

Rick - Vai, meu pai, encara tua sina, velho, onde é que você vai beber?

Djalma - Está bem, na latrina, é obvio.

Rick - Mas, assim, sem nojinho nem nada (risos)?

Djalma - Ô, meu filho, o cara nem sabe que diabos é latrina. É igual a um cão. Aliás eu já vi um filme assim, em que um cão São Bernardo bebe água da latrina.

Rick - Pois é, boa lembrança. Mas aí eu te pergunto, para voltar ao tema antigo, será que o tal homem de Neandertal está preocupado com a vida eterna?

Djalma - Bom, acho que o pensamento dele se resume ao presente e suas necessidades mais imediatas, atuais, sejam fome, sede, reprodução, abrigo, preservação da vida etc.

Rick - Claro que sim. Ele ainda não possui a faculdade da razão, apenas o entendimento, como dizia Schopenhauer. Ou seja, ele não consegue elaborar um raciocínio abstrato para chegar a conceitos.

Djalma - Bom menino, é isso aí. Schopenhauer dizia que intuímos o mundo a partir dos efeitos. Nossa mente teria como conhecimentos prévios e imanentes a ideia de tempo, de espaço e da lei da causalidade. Aliás, isso ele tira de Kant. Assim, a partir dos efeitos, teríamos condições de chegar às causas e, com isso, conceber um mundo.

Rick - Sim, isso seria o início. Ou melhor, o início seria sentirmos nosso próprio corpo. A partir daí sentiríamos os demais objetos e deles faríamos representações. Até aí, os animais teriam capacidade. Ou seja, eles também têm entendimento das coisas efetivas...

Djalma - Sim, efetivas no sentido do que temos por real; é isso mesmo. Agora, a partir das representações dos objetos em nossa mente, ou seja, dessa efetividade, nossa razão, por meio do raciocínio abstrato, concebe os conceitos.

Rick - É isso aí!

Djalma - Completa Schopenhauer que o mundo nada mais é do que essa parceria entre sujeito e objeto. Ou seja, o sujeito necessita do objeto, tanto quanto este, daquele. É um raciocínio desafiador o que ele coloca, qual seja, a de que o objeto só existe por causa do sujeito e vice-versa.

Rick - Muito bem, bem lembrado.

Djalma - Vamos a mais. A representação do mundo efetivo feita na mente do sujeito, ou de qualquer ser vivo, é que seria a motivação para agir.

Rick - Uau (risos)!

Djalma - Bem, fiquemos por aqui que já é hora, continuamos depois.

Rick - Poxa, estava pegando um embalo bom.

Djalma - Também gostei. Voltaremos ao assunto.

Rick - Valeu, beijo, meu pai.

Djalma - Beijo, Rick. Até breve.

08 de junho de 2013

Djalma - Olá, amiguinho, boa noite.

Rick - Boa noite, meu pai, como andas?

Djalma - Bem sabes. Tenho lido muito, sempre na ativa, não é?

Rick - Pô, eu fico satisfeito em ver seu empenho...

Djalma - Claro, sei que você vive isso. Afinal, acho que passei a entender melhor aquele seu silêncio quando você ainda andava por aqui e eu te falava de objetivos.

Rick - Como assim?

Djalma - Comentei esses dias com sua mãe. Não sei se você se recorda. Ano de 2009, mais ou menos, eu me sentei em seu quarto e, preocupado com sua fleuma em face dos estudos, passei a discursar sobre objetivos e como alcançá-los, lembra?

Rick - É, diz aí, acho que me lembro. Mas o que é que tem isso, agora? Porra, falar de minha fleuma em face dos estudos? Está querendo dizer que eu era vagal, é?

Djalma - Não, cara, eu sentia que você tinha algo diferente e era isso que me consolava. Ou seja, você estudava pouco para os padrões de um aluno estudioso, mas sempre teve o rendimento que queria na escola. Sei, também, que na faculdade você estava entre os melhores da turma. Mas eu ficava comigo a matutar uma forma de aproveitar melhor essa sua excelente produtividade com as leituras. Pensava eu que se estudando tão pouco você rendia tanto, se estudasse mais renderia maravilhas.

Rick - Obrigado pelos elogios, mas o restante é besteira.

Djalma - Bom, você podia ter uma visão que eu não alcançava naquela época. Aí fui eu lhe falar sobre uma fruta desejada do outro lado do rio, lembra? Que você devia sopesar as dificuldades e obstáculos para alcançá-la, avaliar os recursos disponíveis e se lançar com afinco na luta para chegar a seus objetivos.

Rick - Ah, agora me lembro dessa conversa...

Djalma - Você olhou para mim com olhar de desdém e não disse nada. Esperou eu esgotar o assunto e continuou calado. Eu, devido à falta de interação, resolvi me retirar. Depois, comentei com sua mãe sobre a ineficácia da conversa.

Rick - (Risos).

Djalma - De que você está rindo?

Rick - Não havia ineficácia porque aquela sua conversa era como chover no molhado.

Djalma - Como assim?

Rick - Ora, eu tinha meus objetivos de vida e estudava para alcançá-los, só não via necessidade de exagero. O tempo que eu despendia com os estudos era o que eu entendia necessário. Para que essa maravilha toda que você imaginava para mim?

Djalma - Sei lá, acho que a gente fica tão mergulhado nesse discurso vigente de sucesso, realização profissional e coisas afins que acaba desejando, com muito afinco, para os filhos. Mas o que eu quero dizer não é isso.

Rick - Então, diga o que quer.

Djalma - Como eu estava dizendo, ainda esta semana, eu comentava com sua mãe sobre esse dia. Chegamos a essa mesma conclusão que você lembrou aí. De fato, seus resultados mostravam que você tinha seus objetivos. Aliás, o que motivou essa conversa toda com ela foi um arquivo seu que encontrei em meu notebook, onde você falava de seus projetos de vida.

Rick - Que arquivo?

Djalma - Acho que da época em que você estudava no terceiro ano do ensino médio. Na aula de filosofia, você escreveu que queria estudar sociologia para ver se conseguia adquirir uma visão mais crítica sobre a sociedade, de forma a tentar superar a frustração que você sentia do mundo. Achei interessante aquele seu sonho de trabalhar na ONU ou em uma ONG para ajudar mais efetiva e diretamente as pessoas.

Rick - (Risos) Agora eu me lembrei. Era mesmo um sonho. Mas eu nunca deixei de sonhar. Acho que minha experiência como professor mirim, voluntário nas "Escolas Irmãs", ajudou-me nesse sonho.

Djalma - Eu sei, eu sei, você me falou naquele dia da festa, no play lá do prédio, lembra? Com uma ou duas cervejas, você encheu os olhos de lágrimas, quando se lembrou do professor maluquinho. Eu fiquei emocionado naquele momento, porque nunca o tinha visto falar daquele jeito. Você não tocou no assunto desse meu papo sobre objetivos. Hoje, entendo que você estava me dando uma satisfação.

Rick - De certa forma, sim. E não deixei de mão meus objetivos, mesmo nessa minha nova frequência.

Djalma - Claro, compreendo e acho muito legal. Comentei com sua mãe sobre isso, também. Eu falava de atravessar um vale, florestas, montanhas, rios caudalosos para chegar à fruta do desejo. E você, sempre audacioso e corajoso, lançou-se sobre o mais temidos dos rios para alcançar um objetivo muito mais ambicioso e diferente.

Rick - Hã? Que viagem essa sua, hem?!

Djalma - Não! Ouça bem, comentei com ela, o rio em que você se lançou foi o próprio Aqueronte, para ter uma visão mais afiada de tudo e nos comunicar.

Rick - Entendi o chiste. Aqueronte é tido como o rio do infortúnio e eu não vejo minha situação atual, necessariamente, como um infortúnio. Isso é uma coisa muito cultural, a vida tem de ser valorizada, mas a morte do corpo faz parte dela.

Djalma - Não se apoquente, meu rapaz, não é chiste. Usei o Aqueronte apenas como referência simbólica, não no sentido de infortúnio. O que eu quis dizer foi que você tinha vislumbrado um objetivo grandioso demais, típico de sua pessoa, o que assustou a todos.

Rick - É, mas agora já está tudo arranjado, só minha mãe que precisa se equilibrar um pouco, não é? Bem, logo, logo, ela vai entender melhor e vai sorrir bonito como ela sempre gostou de fazer.

Djalma - Isso, garoto, você é mesmo fantástico. Só você para alterar essa antiga e terrível concepção do conceito de morte.

Rick - É, e pensar que tem vida por aí cujo sofrimento é mais horripilante do que a velha visão da morte com sua gadanha.

Djalma - Bem certo que sim.

Rick - O que precisamos ter em mente é a questão dos discursos. Aliás, essa é a base de todo o entendimento. Somos carne, osso, sangue e discursos. Tudo começa daí.

Djalma - Somos?

Rick - Sim? Bem...Entendi, vai, vai, eu não tenho mais minha fase corporal, tudo bem, mas estamos nesta sociedade por enquanto, não é? Entenda assim e deixe de piadinhas para não atrapalhar meu raciocínio.

Djalma - Vai, segue.

Rick - Somos animais e isso é ponto pacífico.

Djalma - Claro.

Rick - Imaginemos alguns milhares de anos atrás, nós ainda com os mesmos hábitos dos outros animais. A vida se resumia a comer, dormir, buscar abrigo, reprodução.

Djalma - A força vital sempre se dirigiu para a sobrevivência e perpetuidade.

Rick - Sim, mas o ser humano desenvolveu a razão. Por quê, não sei dizer, especula-se que tenha sido por falta de outras adequações, ou seja, a falta de ferramentas mais apropriadas, que trouxessem algum sucesso na luta pela sobrevivência, levou-o a desenvolver o raciocínio.

Djalma - É, já li algo sobre isso. É uma tese bem plausível.

Rick - Pois é, veja que os outros animais possuem espinhos no corpo, venenos, envoltórios resistentes, garras, força física, agilidade, camuflagens, odores etc. O ser humano, se levarmos em conta seu porte, é desprovido de atributos físicos de defesa e ataque.

Djalma - Esse papo parece interessante, sabia? É um assunto que todo mundo gosta, mas a bateria do iPad está no fim e eu estou sem o carregador...

Rick - Pô, meu pai, escreve à mão, aí, vai!

Djalma - Aah, Depois o trabalho para digitar é dobrado e toma muito tempo. Além disso, já está ficando tarde. Vou fazer assim, vamos interromper por aqui, depois continuamos esse tema. Eu não quero perder nada dessa sua inspiração.

Rick - Está bem, vá lá, a gente se fala formalmente em outro encontro.

Djalma - Informalmente vamos planejando o caminho.

Rick - Ao infinito e além!

Djalma - Beijo, filhão.

Rick - Grande beijo, meu pai.

12 de junho de 2013

Djalma - Oi, Riquinho, como vamos?

Rick - Na de sempre. E aí, qual a boa?

Djalma - Hoje estou mais prevenido, iPad carregado...

Rick - Tomou vergonha (risos).

Djalma - Venha com essa... Paramos onde, mesmo?

Rick - Está azeitado, hoje, não é? Direto ao assunto e tchã!

Djalma - Não, estou tranquilo. Você tem algo para conversar antes?

Rick - Estou de pilhéria, vamos nessa.

....

Djalma - Desculpe, Rick, o celular me tirou daqui, vamos continuar.

Rick - Bem, a gente tinha parado na falta de ferramenta do ser humano, para sobreviver como um animal, digamos, selvagem.

Djalma - Sim, e aí?

Rick - Bom, não tinha garras, veneno etc etc. Mas ele precisava de alimentos, defesa contra predadores, abrigo, água...Assim, despossuído, passou a desenvolver sua ferramenta *sui generis*, a razão.

Djalma - Sei aonde você quer chegar. Mas acho que você não só resumiu um pouco, como enviesou o entendimento do processo evolutivo.

Rick - Ah, então ajude aí, vai.

Djalma - Primeiro, você dá a entender que o tigre, por exemplo, já surgiu do nada com suas garras, força, agilidade, camuflagem, enquanto o homem, coitado, era um desguarnecido, e tudo leva a crer que não foi bem assim.

Rick - Não, claro.

Djalma - Pelo menos com base nas teorias evolucionistas, não. Segundo elas, os atributos de adequação ao meio foram surgindo paulatinamente nas espécies, ou seja, a seleção natural foi preservando os indivíduos mais aptos e eliminando os menos adaptados. Assim, os tigres mais robustos, com garras mais poderosas, por exemplo, foram suplantando os mais raquíticos e estabelecendo sua linhagem no mundo.

Rick - É, disso eu sei.

DJALMA - Pois é. No caso do ser humano, entendo que ocorre de forma semelhante. Paulatinamente, ele foi descobrindo meios de suplantar suas dificuldades naturais. Um dia, aprendeu, acidentalmente, que poderia ser mais forte com um porrete. Com isso, conseguiu abater animais maiores, comer mais proteínas, alimentar-se melhor e, assim, passar mais tempo sem procurar alimento, o que lhe proporcionou tempo livre para refletir e se dedicar a outros afazeres.

RICK - Bom, é isso aí, sua contribuição foi legal, resumidona, também, mas, legal.

DJALMA - Mais atualmente a gente tem informações, pela internet, de casos interessantíssimos que mostram como o comportamento dos animais pode se desenvolver em busca de alimento. Tem, por exemplo, macacos que usam gravetos para extrair mel de abelhas de toco de árvores; aves que colocam nozes na estrada para que os carros quebrem a casca, e muitos outros.

RICK - Interessante, não é? Aí seria um rudimento do raciocínio?

DJALMA - Olhe, depende do que você entende por raciocínio. Para alguns pensadores, raciocínio seria a possibilidade de criar conceitos abstratos a partir do conhecimento intuitivo. Nesse caso, não sei se configuraria...

RICK - Não vamos por aí. Já entendi o que você quis dizer e me ajudou bastante em minha explicação. Em síntese, o ser humano não chegou a desenvolver outras ferramentas físicas que o auxiliasse em sua sobrevivência, pelo fato de ter desenvolvido o pensar.

DJALMA - Isso mesmo, ou, quem sabe, até tivesse garras e outros atributos e os perdera pelo desuso. Acho que isso poderia ter ocorrido com qualquer outra espécie. Por motivos diversos, ocorreu com os hominídeos, que datam de cerca de quatro milhões de anos. Dizem que a mão com o polegar em forma de pinça foi um dos fatores que contribuíram para a mudança de comportamento da espécie.

RICK - Pode ser, pode ser. Bom, já que vimos isso, então, vamos ver o que foi, enfim, que se desenvolveu. Vamos falar, bem por alto, desse tal do raciocínio. Mas vamos abstrair um pouco as abordagens científicas e professorais...

DJALMA - Rapaz, isso aqui já está parecendo uma palestra.

RICK - É, pode ser, sei lá, mas não vem ao caso.

DJALMA - Não se atormente, é só para descontrair um pouco.

RICK - Vai, vai, meu pai, se for para descontrair demais, vamos falar de futebol.

DJALMA - Só se for de handebol, que você gostava mais.

Rick - É, não lembra...Eu amava. Bem, o raciocínio..., sob minha ótica..., vamos voltar às ferramentas. O ser humano desenvolveu uma ferramenta própria, tudo legal. Mas isso não quer dizer que evoluímos, ou quer?

Djalma - Bem, depende da forma que se veja. Acredito que se tomarmos a natureza como referência, a resposta é não. Vejamos, para a natureza todos os ecossistemas estão em equilíbrio.

Rick - Obviamente que, entregues à própria sorte, é normal que espécies surjam e desapareçam. A força da natureza produz vida, sempre vida, independente de sua forma, tamanho, quantidade. Essa força decorre da posição do planeta em face do Sol. Ou seja, a disposição da Terra no espaço, seu tamanho, sua formação geológica, tudo isso formou um complexo que permitiu a eclosão da fauna e flora como conhecemos por aqui. Já se imaginarmos com base no egoísmo e no egocentrismo da espécie humana, acharemos que somos seres superiores, porque conquistamos o mundo, subjugamos outras espécies, até contribuímos para a extinção de algumas.

Djalma - Rapaz, mandou bem, aí. Posso trazer o papo para a questão cultural. A cultura é um fator preponderantemente humano. Aliás, podemos dizer que o ser humano é parte cultura, parte natureza. Isso sem ser possível separar uma coisa da outra. Mesmo nos primórdios, concorda?

É aquele tipo de coisa, quem nasceu primeiro o ovo ou a galinha? Afinal, o homem tem a mão em forma de pinça porque aprendeu a usar ferramentas ou só as utilizou por que desenvolveu o polegar? O mesmo ocorre com a estrutura da mente. Ela se desenvolveu assim devido ao hábito de pensar ou esse hábito se desenvolveu devido à estrutura cerebral? Esses e outros mistérios são o que sustentam os embates entre os criacionistas e evolucionistas em busca de uma explicação razoável para o surgimento da vida na Terra.

Rick - Meu pai, quando você leva o papo, desse jeito, para o banco da escola, tem dois aspectos. É bom, porque esclarece alguns pontos e me faz lembrar de outros. É chato, porque me deixa deficitário em minhas explicações. Porra, eu quero falar sobre minha visão de mundo a partir desta minha nova fase e quando você toma a palavra me vem com um bolodório do tamanho do mundo...

Djalma - (Risos) Ô, meu filho, fazer o quê? Não quer complicação vamos falar das novelas da tevê (risos). Aliás, quem tem puxado o papo para o bolodório é você, eu só tenho complementado.

Rick - Ok, ok, mas não vamos querer dissecar aqui as teorias criacionistas e evolucionistas, senão vamos descambar para o mundo da religião, da escolástica, vamos invocar São Tomás de Aquino e séquito e ficaria uma coisa sem fim.

Djalma - Ah, não, vamos deixar a conversa mais agradável; vai aí, segue na tua explicação, Riquinho, manda bala.

Rick - Bem...

Djalma - Espera, espera, vamos dar um tempo, a hora já está pedindo cama (risos).

Rick - Está bem, vá lá, velhão, valeu o papo. Até mais, beijo.

Djalma - Beijo, filhão, até mais ver.

14 de junho de 2013

Djalma - Olá, Rick, na angústia? Que tens?

Rick - Nada demais, só o de sempre (risos).

Djalma - Festão, ontem, não foi?

Rick - Ô...

Djalma - Rapaz, eu não esperava por aquilo. Olhe, naquela hora eu estava chegando da academia, com o fone de ouvido ligado a toda altura. De repente, senti que você queria conversar. O resto da galera daí se aproveitou e levamos aquele papo bacana, não foi? Rapaz, foi um festão...

Rick - Ô...

Djalma - Ô o quê, rapaz, só diz isso, é? Aliás, eu acho que você ficou espantado, ontem, também, não foi?

Rick - Nem tanto. Mas foi legal. Acho que todo mundo se sentiu que nem eu, assim, quase que por aí novamente.

Djalma - Eu pude sentir a felicidade da turma. Manuel, Mariene...Interessante, muito interessante, acho que eles poderão enriquecer nosso papo de agora em diante, não?

Rick - Bem, até certo ponto, sim. Mas, se você quer algo novo, tem que filtrar muita coisa.

Djalma - Como assim?

Rick - A gente já conversou sobre isso? As pessoas não se desapegam de suas convicções tão facilmente. Às vezes, mesmo diante de sinais evidentes, muita gente finca pé e não arreda um centímetro. Isso, principalmente, quando se refere à religião. Daí que eu acho que se você quer informações mais livres, ou pelo menos tentar conseguir descobrir algo novo, tem que tomar cuidado com o que aparece por aqui já "carimbado", por quem sempre foi seguidor dessa ou daquela fé. Mas não me leve a mal, eu já lhe falei que não sou contra que a pessoa tenha sua fé, só acho que a doutrina delimita muito o espaço do pensamento.

Djalma - Recentemente, eu li Michel Foucault, uma fala dele sobre discursos que tinha algo sobre isso. Ele dizia que a "doutrina liga os indivíduos a certos tipos de enunciação e interdita-lhes, por conseguinte, todos os outros". Acho que é isso, o séquito de uma doutrina a tem por aceitação pacífica de seus termos e negação completa de tudo o que a contraria.

Rick - Porra, você não tem jeito, não é, meu pai...Mas é por aí mesmo.

Djalma - O que foi que te contrariou assim?

Rick - Não liga, só pilheriei um pouco por causa da citação. Você não perde uma oportunidade...

Djalma - Ô, meu filho, fazer o quê? Se o povo já pensou nisso, eu vou reinventar a roda?

Rick - Estou brincando, vamos em frente, que mais tem de Foucault sobre isso?

Djalma - Ué, numa hora critica, na outra pinica? Gosta ou não gosta das citações?

Rick - Acho que tudo tem seu momento. Mas já conversamos alguma coisa sobre isso, quando eu ainda andava por aí. Foi coisa pouca. No meu entender, a visão de Foucault sobre discursos pode esclarecer muito sobre o que temos conversado nesses últimos dias.

Djalma - Bom, eu não sou nenhum mestre no tema, o que li sobre ele foi muito pouco...

Rick - Ah, porra, meu pai, não estamos fazendo nenhuma dissertação de mestrado, pesque, aí, alguma coisa. O pouco com sua habilidade e experiência é muito.

Djalma - Se for elogio, muito obrigado; se for sacanagem, vá à merda.

Rick - (Risos) Falo sério, meu pai, vai aí.

Djalma - Bem, vou pelo que achei interessante e pelo que entendi. De início, é bom que se diga sobre a questão da desmistificação de qualquer discurso, inclusive o do próprio Foucault. Tem uma obra dele intitulada *A ordem do discurso* em que enumera alguns princípios com o fito de se fazer entender melhor. Não me peça para citar cada um desses princípios como se fosse uma aula, até por que não me recordaria de tudo e poderia falar muito mais baboseiras do que de costume. Vou direto ao que interessa.

Rick - É o que eu esperava, porque sua fala já está rendendo.

Djalma - Lembro que ele colocou que não existe um discurso fantástico a ser descoberto, como algo sem fim, contínuo e silencioso; o mundo é vasto e com uma variedade infinita de possibilidades. Ampla, da mesma forma, é a possibilidade de discursos sobre um mesmo tema. Portanto, em face disso, podemos concluir que a vida não se apresenta como um enigma mágico a ser decifrado ou revelado. Acho que entender isso já é um bom começo para o que pretendemos.

Rick - Não tenha dúvida. Tem aquela máxima que diz que toda regra tem exceção, inclusive esta, fato que a justifica.

Djalma - Iiiih, não leva para esse lado que complica. Essas sabedorias populares dão pano pra manga. Vamos ficar no nosso bê-á-bá, mesmo. Prosseguindo, Foucault tem discursos como práticas descontínuas, que se cruzam, mas também se ignoram e se excluem. E veja que Schopenhauer não esteve longe deste pensamento ao entender o mundo como uma representação subjetiva, de cada sujeito. Ou seja, cada qual pode ter um discurso sobre o mundo, discursos esses nem sempre coincidentes entre si e, às vezes, até mesmo, excludentes.

Rick - Cada cabeça é um mundo, não é assim que se fala?

Djalma - Em uma síntese bem apertada, sim. E ainda mais, ao ouvirmos um discurso, tendemos a nos esforçar para entendê-lo, como se isso fosse o mais importante. Foucault ressalta, muito mais do que isso, a importância de se avaliar, a partir do próprio discurso, de sua aparição e de sua regularidade, as condições externas de sua possibilidade. Ou seja, saber quem tem interesse em fazer vingar esse ou aquele discurso, qual a razão de sua existência, a quem beneficia e quais são seus limites, são fatores que podem ser cruciais para a desmistificação de sofismas, geradores de enganos, mais das vezes, muito bem planejados e conduzidos.

Rick - Porra, velho! Bem, se levarmos em conta que nossa formação é toda lastreada nos discursos que ouvimos, acreditamos ou somos levados a acreditar, podemos ter uma ideia de como é formada nossa cabeça, não é?

Djalma - Você lembrou bem. Vamos ver a questão do discurso da educação. Foucault o via, de uma maneira geral, como um instrumento de acesso a todo tipo de discurso. Mas ele não se enganava quanto a isso. Sabia que a educação, em sua distribuição, sempre foi manipulada politicamente pelos poderes vigentes, de forma a manter a integridade dos discursos que lhes interessavam.

Rick - Claro, para manter uma visão de mundo coerente com os interesses de uma minoria dominante. Rapaz, está até parecendo reunião de partido político de esquerda.

Djalma - Oxe, não é de partido político, mas não deixa de ser de política. Não do que vulgarmente se entende por política, mas da política que está imiscuída em qualquer ato da vida do ser humano. Bote uma coisa em sua cachola, meu amigo, todo discurso sempre tem algo de política por mais isento que possa parecer.

Rick - É, mas tem muito discurso religioso que critica política na religião. Você bem sabe.

Djalma - Bom, isso também é uma forma de política. E decorre ou da falta de informação, de hipocrisia ou tentativa de engodo.

Rick - Engodo?

Djalma - Engodo, sim! Ora, vamos focar só neste exemplo. Se uma pequena classe social hegemônica tenta controlar outra maior e a reúne em torno de um discurso religioso, esse discurso tem que ser castrado de anseios quanto aos recursos mais escassos na sociedade. Ou seja, a classe de menores posses e mais numerosa tem que rezar por um lugar no céu. Se a fé se dirigisse para o atendimento de necessidades materiais com base na máxima da isonomia, como atender a todos com a mesma intensidade e luxo que a diminuta classe dominante possui? Daí a necessidade do discurso do desapego material na igreja. Como essas, outras questões existem e são postas, muitas vezes, como dogmas, para serem aceitas sem qualquer tipo de reação.

Rick - Não sei não, vou parecer até um pouco incoerente aqui, mas vou falar. Acho que tem gente de boa fé nas religiões. Gente que de fato acredita no que prega, ainda que pregue coisas inacreditáveis.

Djalma - Não tenha dúvida. Mas isso não invalida a essência política do discurso religioso com base em suas condições externas de possibilidade, seus limites e fontes de interesse, como bem queria Foucault.

Rick - Isso é verdade.

Djalma - Bom, não sei se é verdade, só sei que tem o atributo da validade. Ou seja, é sustentado por argumentos lógicos válidos. Digo isso porque essa busca da verdade também é outra questão polêmica em face do discurso. Mas, não vamos prosseguir por aí, vamos retornar ao nosso rumo. Você falava sobre o quê, quando divagamos por esse caminho?

Rick - Sei lá, vamos voltar um pouco no tempo, você estava se recordando de ontem à noite, do contato que você teve com Manuel e Mariene. E eu levantei críticas acerca do pensamento de quem fosse seguidor de alguma religião. Isso o fez lembrar de algumas colocações de Foucault sobre o tema e lá fomos nós.

Djalma - Assim sendo, posso concordar com você, em tese.

Rick - Como assim, em tese?

Djalma - Ora, tudo muito legal, até compreendo isso no que diz respeito a Mariene, que já tinha para mais de 80 anos quando seguiu viagem e sempre foi uma católica fervorosa, de pé de padre; mas quanto a Manuel, eu não o via com ideias tão rígidas, assim, não.

Rick - Manuel era médium de carteirinha, esqueceu-se?

Djalma - Olha, vou te dizer, conversei com ele poucos dias antes de seu desenlace, em janeiro último. Apesar de continuar com o entendimento reencarnacionista tradicional, ele estava buscando outras abordagens doutrinárias. Pelo que me falou, estava estudando o pensamento místico oriental, meditações e coisas afins.

Rick - Cara, é novidade para mim. Se colocou em dúvida a própria crença já deu um importante passo para a própria salvação.

Djalma - (Risos) Veja como as coisas mudam. Antigamente a salvação do indivíduo, sob a ótica cristã, estava em crer com a força da alma. Hoje se delineia a salvação com a dúvida na própria crença. Vão dizer que é coisa do diabo.

Rick - (Risos) Fazer o quê? Não fui eu quem inventou a razão humana. Enquanto houver o que se conhecer, a razão estará lá escarafunchando, empurrando os limites da "verdade" para outros horizontes. As crenças formais vão em outro sentido. Ancoraram suas doutrinas em "verdades" eternas que estão enferrujando e se tornando relíquias de museu da grande história da humanidade.

Djalma - Taí, gostei da colocação, viu? Mas vamos devagar com o andor que o santo é de barro.

Manuel - Di...Djalma? E aí, bichão, como vai a força?

Rick - Quem se achega?

Djalma - Manuel. Dei uma palhinha para ele. E aí, cara, como vão as coisas? Ontem à noite eu estava longe do notebook e não pude registrar a festa. Vi que todos estavam muito felizes.

Manuel - Pô, cara, você nem imagina o que isso significa. Acho que é um fenômeno para revolucionar o pensamento humano.

Djalma - Menos, Manuel, menos.

Manuel - Rapaz, digo com conhecimento de causa. Você está proporcionando uma situação que eu nunca vivenciei antes. Você sabe que convivi com o espiritismo toda minha vida. Eu posso falar que é algo muito diferente.

Djalma - Manuel, sinto aborrecê-lo, mas poderia nos mostrar a carteirinha?

Manuel - Ma...Mas que carteirinha, rapaz, está brincando?

Rick - Ferrou-se, Manuel, caiu nas garras de meu pai, tem que aturar as brincadeiras (risos). Não conhece o cara, não?

Manuel - Rick, porra, Rick, cara, quanto eu senti por você, rapaz! Fico muito alegre de estar nessa com você, é um privilégio, viu?! Quanto a teu pai, velho, conheço a peça desde criança, antes de você nascer. Carteirinha, ah! Só você mesmo, viu, Djalma, de onde você tirou essa, rapaz?

Djalma - Ô, lembra quando você esteve aqui em casa, logo depois do acidente de Rick?

Manuel - lembro, lembro, sim. O que foi que teve?

Djalma - Falávamos sobre religião. Eu lhe dizia que conversava com Rick, numa boa. Você me pareceu meio cético...

Manuel - Ah, eu me lembro. Não, eu não estava cético, não. Estava preocupado. Nessa seara são conhecidos os espíritos prestidigitadores.

Rick - Espera aí, espera aí, "presti" o quê, rapaz?! Agora, mais essa, nós, além de sermos espíritos, com risco de virarmos fantasmas, ainda temos marca. Primeira vez que ouço dizer que fantasma tem grife (risos). Manuel, porra velho, com todo respeito, pega leve.

Manuel - Rick, não sei quem é pior, você ou seu pai. Mas quem herda não furta (risos). Não, rapaz, prestidigitadores são espíritos enganadores, que se fazem passar por outros mais iluminados.

Rick - Está bem, vai, esquece a pilhéria. Também fiquei sentido por você. Sei o tanto que você sofreu nos últimos dias por lá; meu pai e minha mãe sempre comentavam em casa.

Djalma - Manuel, e tua turma, todo mundo bem? Estivemos por lá em uma visita.

Manuel - Sempre converso com eles. Tudo bem, tudo bem. Mas e o papo, aí, o que é que rola?

Rick - Estamos numa luta por aqui, para tentar levar algumas informações para o povo. É uma conversa descontraída sobre vida, morte, existência e, sei lá, o que pintar.

Manuel - É muito legal poder estar aqui com vocês. Ontem eu já tinha conversado com Djalma. Rapaz, eu não imaginava que isso seria possível. Eu ainda estava meio preso a algumas formalidades.

Djalma - Discutíamos isso. A questão dos discursos religiosos, ainda que saibamos que o espiritismo não se tem por religião.

Manuel - Não. É verdade, o espiritismo é uma ciência comprovada.

Rick - Venha de lá com essa, Manuel.

Djalma - Rick, dá um tempo e não avança no limite, rapaz.

Manuel - Deixa, Djalma. Diz aí, Rick. Poxa, é importante, rapaz, discutirmos. Vamos aprendendo uns com os outros.

Djalma - Olhe bem, Rick, eu deixaria essa polêmica de ciência para lá. Estamos acostumados a ter o que é científico por verdade. E lhe digo que não é bem assim. Poderíamos até dizer que a ciência está mais para um método de conhecimento do que para o estabelecimento de verdades.

Rick - Método?

Djalma - Eu diria, um procedimento de busca. Veja bem. O que ocorre com a ciência é o seguinte. Há o fenômeno. O pesquisador o observa e dele tenta tirar algumas conclusões. Em cima dessas conclusões ele monta uma teoria. Essa teoria é testada em novos fenômenos da mesma espécie. Se a teoria se confirma na maioria das repetições, ótimo, passa a ser a ciência em vigor sobre o tema. Se não explica todos os fenômenos da mesma espécie, ou, pelo menos, a maior parte, é descartada e parte-se para uma nova teoria. Essa teoria, assim aprovada, estará em vigor, como ciência, até que nova teoria a supere e passe a explicar melhor o fenômeno, entendeu?

Rick - Foi o caso de Copérnico com a questão da Terra como centro do universo.

Djalma - Sim. E de tantos outros. Ou seja, ser ciência não significa estar com a mais pura verdade; mas, sim, estar em busca dela mediante um método, um procedimento rigoroso que possa ser repetido em qualquer lugar e com os mesmos resultados. Aliás, já que falamos em Foucault anteriormente, ele mesmo afirmou que os erros também fazem parte de qualquer disciplina, seja a botânica, a medicina ou qualquer outra, e com funções positivas, um papel de eficácia histórica que não se diferencia do das verdades.

Manuel - É isso aí, Djalma. O que está na doutrina espírita é tido como verdade comprovada, mas nada impede que novas experiências mostrem alguma lacuna no conhecimento atual e passem a esclarecer melhor os fenômenos espirituais. Afinal, a vida deve ser, e é, um aprendizado constante.

Djalma - E aí, Manuel, já conheceste algum espírito prestidigitador.

Manuel - Bem, olhe, não, não é bem assim. O caso pode se dar quando se tenta contatar um espírito a partir de uma mediunidade pouco trabalhada. Naquele dia eu só te falei do perigo que representa a tentativa de alguém querer labutar com esse tipo de coisa sem conhecer o fenômeno.

Djalma - Digo isso, mas não quero fazer brincadeiras com seus ensinamentos, não. Quando eu me espantei com suas palavras, foi porque as coloquei em face da situação de Rick. Eu e ele conversávamos muito sobre tudo isso que estamos conversando aqui e outras coisas mais. Eu, simplesmente, achei que seria muito difícil alguém se fazer passar por ele, por muitos motivos. Primeiro, porque a conversa não teria o condão de doutrinar ninguém. Segundo, porque tínhamos um entrosamento mental muito grande, uma forma de tratamento muito íntima e particular que seria difícil alguém que não nos conhecesse imitar.

Manuel - Claro, obviamente que a cautela serve para os casos em geral, pelo que você diz aí, esse era um caso particular.

Djalma - Essa preocupação do espiritismo, como uma instituição, tentar controlar os meios de acesso ao diálogo com o mundo espiritual, não seria uma forma de controle institucional? Entenda bem. Quando se diz que somente ao médium trabalhado na doutrina é seguro o contato, não seria uma forma de manter a instituição e seus valores, enfim, seu poder, resguardados?

Manuel - Em alguns aspectos, sim; em outros, não.

Djalma - Você agora falou igual a Rick, no aqui e no acolá. É uma característica daí essa chapa quente, é?

Manuel - (Risos) Não, bichão, é que, por um lado, essa prática, tem, sim, esse condão de proteger o conjunto de valores espíritas, o que inclui os bons valores da vida como um todo. Temos os exemplos das várias seitas que proliferam por todo o mundo, algumas delas com ritos e valores bastante perigosos em todos os sentidos. Além disso, a tentativa de invocar pessoas que já se foram do mundo dos encarnados pode ser mais prejudicial do que benéfica para um familiar ou amigo que pretenda manter contato com alguém que ama, sem os devidos cuidados e sem estar preparado. Eu não vou nem falar do perigo dos prestidigitadores, que Rick disse serem fantasmas com grife (risos), mas do perigo real de algumas pessoas deixarem de se dedicar a sua vida encarnada, para viver em função de uma dimensão que ainda não lhe pertence.

Djalma - Falou bem. Que ainda não lhe pertence, mas que um dia vai pertencer, querendo ou não.

Manuel - Isso mesmo. Tudo tem sua fase. Nada de pressa. É importante que se tente aprender o máximo de coisas, e coisas boas, enquanto ainda se estiver por aí. Dessa forma, tudo será mais fácil por aqui e além. Por outro lado, digo-lhe que não há essa preocupação de controle do poder institucional, no sentido do poder pelo poder, quando se tenta mostrar o perigo do despreparo no contato com os espíritos. O que o espiritismo kardecista entende é que esse contato deve ter um objetivo pedagógico, de crescimento espiritual. Você até pode fazer algum contato com um fim fútil ou malicioso, mas não será para sua felicidade e crescimento, muito menos para o desenvolvimento da humanidade.

Djalma - Gostei, Manuel, de suas explicações. E aí, Rick, queremos ouvir você.

Rick - É, né? Bem explicado. Acho que tem muita boa vontade nas pessoas que se achegam às religiões. Obviamente que os objetivos religiosos mais gerais e ideológicos das religiões não seguem o mesmo trajeto; sobretudo quando dizem respeito aos discursos comunitários que estiverem no sentido oposto aos interesses das classes dominantes.

MANUEL - (Risos) Rick, sempre Rick, acho que não temos que politizar tudo desse jeito, Rick; pode até ser que algum grupo faça uso da fé para atingir objetivos políticos, mas isso não é a regra.

DJALMA - Calma, pessoal, se falar de religião já é complicado, misturar isso com política pode ser indigesto. É bem verdade que há muita hipocrisia nesse meio, mas tudo isso faz parte da "natureza humana".

MANUEL - Fez bem em colocar aspas em "natureza humana". Por que isso, de fato, não existe; é só uma questão de falta de um conhecimento mais amplo sobre as verdades de Deus.

RICK - Verdades, verdades, ainda mais de Deus. Ora, isso é o que me incomoda nessa conversa, sabe, Manuel. No meu entender, sendo Deus imenso como dele se entende, todas as verdades, sem exceção, são de Deus. A ele pertence toda a logicidade e ilogicidade do mundo, verdades e inverdades, ou não?

MANUEL - Bem, de certo modo, sim. Deus é o Criador, mas a ele não compete a mentira.

RICK - Veja como eu entendo. O existir como uma obra divina. Dentro disso se enquadra tudo, e isso é tão amplo que eu diria que até o nada está dentro dele, como um subconjunto.

DJALMA - Foi buscar longe essa aí, viu, Rick?

RICK - Eu estiquei bem para ver se ele me entende. E vamos mais. Tá, aí me chega o ser humano, com suas ideias de poder e dominação e colhe desse infinito manancial divino, verdades, mentiras, enfeites e enrolações. Cria temores transcendentais, penas eternas e sofreres os mais diversos para quem não se enquadrar em um esquema que beneficia os interessados mais ilustrados e detentores dos bens materiais de produção e conforto.

EMMANUEL - Ouvi tudo, até o momento, e quero acrescentar algo.

DJALMA - Olá. Não o conheço, mas fique à vontade para se colocar.

EMMANUEL - Todas as colocações são válidas e vejo que essa é uma discussão saudável entre pessoas que desejam o bem. Que bom que surgiu mais essa oportunidade de crescimento. Quero, de antemão, desejar sucesso a todos nessa empreitada. Precisamos muito de pessoas, intensas como tal, na busca permanente da verdadeira felicidade, razão maior do viver. Há, de fato, ainda, muitos enganos em tudo o que conhecemos, mas os enganos, também, são oportunidades de conhecimento para aqueles que querem crescer e que buscam isso com pureza de alma e desapego. A palavra desapego é fundamental nesse processo. O que ela significa, somente cada um, em sua individualidade e experiência diária, poderá mensurar. A vida é sempre muito generosa em oportunidades para a conjugação do verbo desapegar. Aquele que não souber declinar todos os tempos desse verbo sempre sofre muito e desnecessariamente.

Djalma - Grandes e belas colocações, Emmanuel. Fico radiante que nosso papo tenha chegado a esse padrão e abertura. Seja bem-vindo!

Emmanuel - Eu que agradeço e aproveito para elogiar a iniciativa. Parabéns pela coragem de se expor assim para o bem de todos. Acho que a iniciativa poderá trazer alento para muitas pessoas que sofrem demasiadamente.

Manuel - Bom, Emmanuel, ficamos todos felizes com sua presença. Também acho que foi uma demonstração de desapego e coragem, por parte de Djalma e Rick, lançarem-se nessa iniciativa. É um marco nas relações dessa nossa dimensão com a das pessoas encarnadas. Mas, Djalma, eu previno que essa não deve e não pode ser uma prática cotidiana de quem não tem o devido autocontrole. Eu te conheço e sei do quanto você estudou durante toda sua vida. Isso foi muito importante para te dar autonomia de raciocínio e segurança em suas convicções. É necessário frisar bem isso, porque, se você, de fato, chegar a publicar essas conversas, que seja para o benefício e felicidade das pessoas e não mais um problema em um viver já tão conturbado.

Djalma - Obrigado, Manuel, naquilo que for um elogio. Digo apenas que há certo exagero quanto as minhas convicções. Estou um pouco para o grande Raul Seixas, como uma "metamorfose ambulante" (risos).

Rick - Essa é sua marca, meu pai, e o que eu tanto admiro em você.

Djalma - Obrigado, Riquinho, mas vamos parar com esse rasgar de seda e continuar com o papo que está crescendo a contento, não é mesmo? Voltemos às pimentas no molho. Eu, agora, todavia e entretanto, só peço um pouco de paz aos contendedores para repousar um pouco minha cachola, pois já são mais de três horas da manhã. Grande beijo a todos.

Rick - beijos, meu pai.

20 de junho de 2013

Djalma - Olá antigos e novos amigos.

Rick - Diga, meu pai. Até que enfim se lembrou da gente, não é?

Djalma - Paciência, amiguinho, eu venho conversando com você mais informalmente, você bem sabe. O fato é que eu quero manter alguma proporção entre o que eu leio e a nossa conversa. A razão você já sabe. Aliás, ontem descobri um livro excelente. Acho que você e Manuel vão achar dez. Mas só vou puxar algo sobre ele quando estivermos mais adiante.

Rick - Ah! Diz aí, vai. Pelo menos o nome.

Djalma – Carl Gustav Jung, um pequeno opúsculo dele: *Sobre a vida depois da morte*.

Rick - Ih, converteu-se, foi? Pensei que resistiria um tempinho mais. Foi rápido, hem?!

Djalma - Não, Ricão, que é isso? Não se trata de conversão nem nada. Acho, apenas, que ele traz alguns conceitos interessantes sobre o tema, ainda que haja colocações comprometidas com algumas crendices de sua época. Mas, tratando-se de quem foi, a contribuição tem bastante peso.

Rick - Está bem, falo assim por brincadeira; boto fé no seu bom senso. Não se aborreça.

Djalma - Não, não estou, nem de longe, aborrecido. Digo mais, nesse pequeno opúsculo, o discurso de Jung traz a marca de um discurso de quem sabe o que fala.

Rick - Está me parecendo a velha tese levantada por Foucault, da questão do interdito do discurso; as coisas não podem ser ditas a qualquer hora, em todos os lugares e por qualquer um. É a sujeição do discurso, meu velho. Jung foi psiquiatra, tudo a ver. Se viesse de outro, seria problema para você aceitar esse papo como verdadeiro.

Djalma - Está aprendendo rápido, hem, malandro? Mas eu não acho que isso se aplique a essa situação. Referi-me a Jung justamente porque estou pesquisando nessa linha. Mas quem lhe disse que estou aceitando como verdade o que ele diz? Eu simplesmente achei suas (de Jung) colocações interessantes. Imagino que esse fenômeno que está ocorrendo entre nós, esse contato tão espontâneo e descontraído, tem a ver com a ideia de inconsciente, e Jung pode nos ajudar bastante nisso. Ademais, já que você se referiu a Foucault, essa busca da verdade, pela sociedade, era problemática para ele. Foucault louvava o nome de autores que em nome da "verdade" eram discriminados por meio do interdito da loucura, como Nietzsche, Artaud e Bataille.

Rick - É um negócio sério, não é, *cumpade*, se der corda tu vais longe, viu?!

Djalma - Ô, você que puxou para esse lado, não foi? Afora isso, eu não sei por que você implica tanto com as religiões. Não ser adepto, até entendo; essa psicose é que eu acho desnecessária.

Rick - Não, não se trata de psicose, não. Eu só tenho duas posições sobre esse assunto. Não necessito de religião e a acho inconveniente em qualquer ambiente em que se pretenda chegar a alguma conclusão isenta sobre a vida. Eu já expliquei antes. Se o cara é católico vai tentar enquadrar todos os fenômenos em sua doutrina; o que estiver fora disso, para ele, ou é invenção ou coisa do diabo. No espiritismo, tudo é encosto, evolução, luz, reencarnação etc, nada mais se aplica. Dessa mesma forma, são as posturas nas outras religiões. Ou seja, você não se vê livre para enxergar nada de novo com seus próprios olhos.

Djalma - Rick, sinceramente, você acha que é possível a qualquer de nós enxergar somente com os olhos de nossa individualidade?

Rick - Como assim?

Djalma - Tudo o que concebemos individualmente, imaginamos, falamos já foi ruminado há séculos por nossos antepassados. Pouca coisa criamos de verdade. Vivemos a repetir e repetir. Muitas vezes, até quando achamos que estamos criando algo, na verdade, estamos apenas consolidando coisas já achadas e dispersas aí pelo mundo da cultura a vagar.

Rick - É, estou ligado...Imagine, se normalmente é assim, a coisa piora muito se temos uma crença muito forte a nos cercear, a nos reprimir. Isso gera muito preconceito, por mais que não se queira admitir.

Djalma - É, você tem lá suas razões. E Jung dizia que o preconceito mutila e fere o fenômeno pleno da vida psíquica. E é por isso que em parte concordo com você, só acho que não podemos radicalizar. Temos que ouvir, sem restrições. Tem muito mais coisa aí nesse entremeio. Acredito mesmo que muita gente vai para alguma religião para dar vazão a sua energia mental inconsciente, reprimida pelo racionalismo crítico. Talvez, até como falta de opção para desenvolver algo mais livre no âmbito do pensamento mítico. Afinal, as religiões acabam sendo o discurso mítico, camuflado de racional, que a racionalidade vigente tolera.

Rick - Uh!

Djalma - É, vou te dizer por que concluo assim acerca da religião. É a partir da repressão citada por Jung. Ele fala desse inconsciente reprimido que levou ao abandono do pensamento mítico pelo homem "racional" e a limitação de mundo que tudo isso trouxe. Mas não vou falar sobre isso hoje, não. Vou descansar agora. Vamos ver se a gente aciona Manuel para o papo quando voltarmos a nos encontrar. Hoje eu não consegui botá-lo no ar. Só tenho essa habilidade com você. Acho que o problema é comigo mesmo, ou talvez tenha sido o papo que não deixou brecha para ele contribuir com algo.

Rick - Quem sabe?

Djalma - Vou lá, Riquinho, grande beijo.

Rick - beijão, meu professor.

22 de junho de 2013

Djalma - Riquinho, estou hoje em Ilhéus, na casa de sua avó Ana Maria.

Rick - Maravilha, beijos para todos.

Manuel - Olá, Djalma, não participei ontem, mas estive presente na tua conversa com Rick. Estou acompanhando, rapaz, perco mais não, está legal mesmo. Quero ajudar, bichão, não me esqueça, não.

Djalma - Sossega, Manuel, tem espaço pra todo mundo, cara. E aí, o que foi que você achou do papo.

Manuel - Rapaz, espera aí, tu estás na casa de tia Ana, é? Ô rapaz, dá um abraço nela, viu. Eh, poxa, Renato, rapaz, gente boa ali, viu? Gente boa. Rapaz, que legal, não é? Poxa, Djalma, fico feliz mesmo. Ti...Tia Mariene ia gostar de saber. Ah, rapaz, legal mesmo, viu?

Djalma - Vamos tentar acionar Mariene? Vê aí, Rick?

Rick - "Vê" o quê, rapaz, tá sonhando, é? Pega aí meu Ray Ban, Manuel (risos)?

Djalma - Mariene, Mariene, você apareceu naquele dia e não deu mais as caras, não foi?

Mariene - Djalma, ah, Djalma, é que eu ando tão confusa, menino. Ah, aqui, eu estou morta, mesmo, é? Ai, Meu Deus, minha Nossa Senhora, ai, tenho rezado tanto. E mamãe, Djalma? Ai, Manuel, Rick, o que é que está acontecendo, hem?! Meu Deus, que loucura é essa?! Todo mundo ficou louco, foi?! Djalma, pelo amor de Deus, me diz aí? Ai, meu Deus...

Djalma - Calma, Mariene, as coisas acontecem e aconteceram. É isso aí. Pelas vias normalmente aceitas, digamos, você morreu, mas não está sozinha. Ajuda aí, Rick, para ver se a gente tranquiliza esta mulher.

Rick - Tia, imagine a torcida do Corinthians; muita gente, não é? Então, pra seu consolo, tem mais gente por aqui com você do que uma frota de navios carregada com milhares de torcidas corintianas.

Djalma - Porra, Rick, podia tentar algo mais plausível, cara.

Manuel - Esse Rick é uma graça (risos).

Mariene - Vai, me diz aí, Djalma, e tu, o que é que estás fazendo aqui? Meu Deus do céu, que loucura.

Djalma - Não, não, eu ainda não tive o privilégio, apenas compartilho momentos com vocês. Ainda estou em outra, por enquanto.

Mariene - Mas, e então, meu Deus, cadê tudo? E que lugar é este?

Djalma - Estamos conversando e pesquisando para tentar descobrir.

Rick - Tia Mariene, relaxe, relaxe, tá? Você está em outra. Esqueça esse negócio de "cadê tudo". Que tudo? Aqui não tem nada de lá, aprenda o tudo daqui. Relaxe, relaxe, minha filha.

MANUEL - Deixe, deixe ela, ela precisa de tempo para se localizar e se situar nessa nova dimensão. Tem que relaxar, como Rick falou, para se libertar das estruturas antigas e seguir adiante.

RICK - Não demora e ela pede uma gelada, quer apostar?

DJALMA - Rick, não perturba, cara, se não ela se confunde mais ainda. Deixa-a nos ouvir um pouco que logo ela se situa.

MARIENE - Ai, meu Deus, Djalma, e se tu não estás morto como é que estás aí falando com a gente...? Ai, eu não consigo acreditar. Rick, como foi isso, menino? E Elvirinha, Felipe, Glorinha...? Ai, meu Deus que tragédia na família. Manuel estava doente, foi isso? E Rick, como foi?

DJALMA - Mariene, foi um acidente de carro, mas isso pouco interessa agora. Não tem nada errado, só a vida que segue seu curso e pronto. Vamos conversar outras coisas, como vínhamos fazendo. Ouça e acompanhe que você vai entender e se sentir melhor.

MARIENE - Djalma, e esse negócio, tu falando com quem está morto..., ai, meu Pai. E frei Petrônio, como é que eu faço para falar com ele?

DJALMA - Olhe, Mariene, aí só numa sessão mediúnica, mas vai ser difícil, viu?, parta para outra. Se eu puder ser útil em outra coisa.

RICK - Ô, meu pai, vê se consegue o celular dele e dá para ela (risos).

MARIENE - Rick, deixe de ser moleque, viu?! E me respeite. Aaah, é Rick mesmo, e eu pensava que era brincadeira. Djalma, e tu falando assim com morto, nã...não pode.

DJALMA - Mariene, me responda uma coisa, você já ouviu morto falar? Onde?!

MARIENE - Morto, morto não fala, sei lá, só se for assombração.

DJALMA - Você se acha uma assombração?

MARIENE - Ah, Djalma, me deixa, viu?! Ora, brincadeira numa hora dessas, a gente pergunta as coisas e fica só de brincadeira. Manuel, diz aí, que Djalma não fala nada sério.

MANUEL - Tia, olhe, eu nem sei como explicar. A senhora está morta, se a gente for entender como antigamente. Hoje, a gente pode ver que isso não existe. Na verdade, a senhora se sente morta?

MARIENE - Eu não, é tão estranho. Mas o que é isso então, hem, Manuel?

MANUEL - É só outra fase da vida. Agora, nós estamos nessa palestra aqui graças a Djalma. Generosidade e desprendimento dele, porque não é uma coisa tão simples assim.

RICK - Ele virou tipo uma sala de reunião depois de velho (risos).

DJALMA - Goze muito que eu caço sua carteirinha de sócio, viu, gaiato?

MARIENE - Ai, deixa, viu?! Olhe, Djalma, tu estás onde, em casa?

Djalma - Hoje estou em Ilhéus, curtindo um frio de lascar, no escuro do quintal, uma da manhã, cheio de repelente para as muriçocas não abusarem.

Mariene - Ilhéus? Ai! Na casa de Ana Maria? E ela sabe, Djalma...? Como ela está? Ai, meu Deus, Djalma, ai, eu preciso tanto...Djalma, pede a ela pra rezar uma missa pra mim e pra mamãe, ai, eu acho que, assim, quem sabe...

Djalma - Tá, Mariene, eu peço, deixe. Amanhã, se eu lembrar, é na hora.

Mariene - Djalma, não se esqueça.

Djalma - O problema não é nem lembrar, eu não sei é como dizer a ela que ouvi o pedido diretamente de você; Renato vai se cagar de medo.

Rick - Está arriscado ele não querer ir mais no quintal à noite (risos).

Djalma - Tá, tá, vou ver se encaixo um papo de sonho e digo que sonhei com você e blá, blá, blá.

Mariene - Pelo amor de Deus, Djalma.

Djalma - Mariene, agora relaxe e procure acompanhar nossas conversas. Você vai ver que queremos mudar um pouco essa perspectiva antiga e essa relação estranhíssima e pesarosa entre o que chamávamos de vida e de morte.

Mariene - Mas, por que, não chamam mais?

Djalma - Chamar, chama, mas não devia, não é? Tenha paciência e acompanhe. Faça as intervenções que quiser, sem problema. Essas conversas são um pouco para fazermos companhia uns aos outros, também, até que surja algo de novo que nos separe novamente, como o destino quiser.

Rick - Vai inventar o quê, agora, meu pai, A morte do morto (risos)?

Manuel - (Risos) Não, Rick, eu entendi. De fato, as coisas não param por aqui, algum de nós pode retornar...

Rick - Iiih, Manuel, já deu! Reencarnar?! Pra frente, Mané, é pra lá que a fila anda. Voltar? Jamais.

Djalma - Bom, pessoal, legal mais um agradável tempinho com os senhores, mas o frio está cortando um bocado e eu estou cansado; dirigi a tarde toda de Salvador até Ilhéus. A gente se fala, beijos para todos.

Rick - Beijos.

Mariene - Djalma, vê se você fala com o frei.

Djalma - Ok, se de tudo surgir uma oportunidade eu falo, tchau.

Mariene - Tchau.

25 de junho de 2013

Djalma - Olá Rick. Papo rápido, hoje, só para matar a saudade.

Rick - Diga lá.

Djalma - Estamos saindo amanhã cedo, já são quase duas da madrugada e não encontro sono. Muita muriçoca e aqui estamos sem ar-condicionado.

Rick - Vão para onde?

Djalma - Salvador. Já te disse que estamos aqui em Ilhéus, viemos passar o São João.

Rick - Sei, sei.

Djalma - Sua mãe meio nervosa, Gogó também meio chateada...

Rick - Por que isso?

Djalma - Não sei. Suponho que a chuva tenha atrapalhado um pouco os festejos de São João. De minha parte, fiquei meio para baixo por que fizeram uma camisa da festa com sua imagem na frente, escrito embaixo algo sobre saudade.

Rick - E daí?

Djalma - Acho que ficou todo mundo meio pesaroso de saudade; nós três, não é? Passar a noite toda vendo sua imagem dá uma baita saudade...

Rick - Elas duas, até entendo, mas, você?! Estamos sempre em contato...

Djalma - É, eu sei, mas acho que é algo bem diferente. É como se eu convivesse com um tipo de mundo, esse que permite nos comunicarmos numa boa, e de repente voltasse pra aquele outro, terrível e sofrido.

Rick - Sei como é. O velho mundo, amarrado nos ritos mágicos das religiões.

Djalma - Isso, o mundo velho dos rituais que Foucault dizia serem usados para fixar a eficácia, suposta ou imposta, das palavras, o seu efeito sobre aqueles a quem elas se dirigem, os limites do seu valor constrangedor. Tudo isso para determinar para os sujeitos falantes, ao mesmo tempo, propriedades singulares e papéis convenientes.

Rick - E tudo o que não necessitamos agora, em nossa faina atual, são palavras constrangedoras impostas por uma tradição caduca.

Djalma - Exatamente. Essa forma de recordação dolorida, para mim, é algo inaceitável atualmente. Foi por isso que sua imagem na camisa me tocou tanto.

Rick - Discursos, acabamos voltando a eles.

Djalma – Acho, mesmo, que ainda retornaremos mais vezes. Afinal, o grande xis da questão é que normalmente achamos que no mundo há um sentido escondido que deve ser decifrado por um discurso que seria o verdadeiro. O mais sensato, entretanto, seria entender que é o discurso que dá o significado ao mundo. Sendo assim, podemos ver que o mundo tem o sabor dos discursos vigentes.

Rick - Você, então, quer encontrar um discurso que adoce sua boca? Isso não soa meio como um sofisma, não?

Djalma - Interessante essa sua lembrança. Os sofistas foram muito combatidos por Sócrates, que se propunha a um discurso verdadeiro. Mas, venha de lá, tendo o mundo tão plural, hoje, como nós temos, seria sensato marginalizar a atividade dos sofistas?

Rick - Se o que você quer é retomar a questão dos discursos religiosos, eu já te falei minha posição sobre isso. Acho que todos esses discursos são aceitáveis se analisados sob determinada ótica. Portanto, nenhum deles retrata a tão perseguida mais pura e única verdade.

Djalma - Então seriam falaciosos? Ora, se a verdade que se quer pura não é pura, então é mentira. Ou você quer vir com a ideia de uma meia verdade. Afinal, uma meia verdade também é uma meia mentira. Ora, um fato ou é verdadeiro ou não é?

Rick - Circunstâncias, meu pai, circunstâncias. Determinadas circunstâncias podem tornar um discurso tido por falacioso em um discurso válido, olhe que eu falei válido. Veja o caso do milagre que conversamos outro dia. Algo que entendemos ser possível e podemos explicar cientificamente nos dias atuais, podia ser tomado como milagre algum tempo atrás.

Djalma - Por exemplo, a consubstanciação, é verdade ou falácia?

Rick - Primeiro há a distinção entre consubstanciação e transubstanciação. Uma diz que há a transformação e a outra diz que a natureza do pão e do vinho permanece. Mas acho que você quer falar em transubstanciação. Bem, vejamos, se tomarmos por comparação a carne humana como a entendemos, fica difícil esse discurso encontrar eco. Todavia, se entendermos o "corpo" de Cristo como os discursos que ele detinha em sua mente, isso pode se tornar verdade.

Djalma - Corpo, discurso, como funcionaria essa equivalência?

Rick - A gente vai ter oportunidade de conversar melhor sobre isso mais tarde. Corpo físico e espírito. Como e para que existem e o que tem a ver um com o outro? O espírito pode reencarnar?

Só para ilustrar nosso assunto, vou adiantar um pouco sobre isso, agora. A mente do espírito encarnado é um pouco mais do que o conjunto de discursos que conseguimos angariar em nosso inconsciente, juntamente com o filtro que usamos para liberar essas informações ao consciente. Nem tudo desse cabedal chega ao consciente, muita coisa é reprimida pelos preconceitos, educação, religião...

O espírito desencarnado difere muito pouco dessa massa de informações, sentimentos e conceitos que detemos em nossa mente. Se compreendermos dessa forma, podemos conceber com muita clareza que a hóstia é o corpo de Cristo. Seria o corpo de sua doutrina, parte integrante de seu inconsciente, cujo conhecimento é, ou deveria ser, de todos os fiéis e que, no momento da comunhão, deve se tornar ainda mais vivo em suas mentes.

Assim, na hora da comunhão eles devem mentalizar as ideias de Cristo, com seriedade e na frequência correta. Ao fazer isso, eles conversam com o próprio Cristo, como você está falando comigo agora. Nesse sentido, a hóstia é, sim, o corpo de Cristo, como querem os cristãos, pois pode ter o condão de trazer o verdadeiro Cristo em suas mentes; isso só vai depender da vibração e pureza de sentimento de cada um. Este nosso papo é um grande exemplo da realidade fática do que eu estou dizendo.

Djalma - Simplesmente fantástica sua explicação, Ricão. Mas vamos lá. Agora vou dormir, ok? Amanhã você me diz algo sobre Jesus Cristo, já que você o citou em seus exemplos.

Rick - Ok, meu pai, o que eu souber...Beijos e boa noite.

Djalma - Beijo, Rick.

02 de julho de 2013

Djalma - Olá, Rick, como vamos.

Rick - Diiiiga, meu pai. Na força. Tudo beleza.

Djalma - Deixa-me relembrar nosso papo. Desconcentrei um pouco, estou de férias e ficamos uns dias sem conversar mais formalmente.

Rick - Relaxe. Falamos de Ilhéus, você deu uma palhinha para tia Mariene, fizemos uso de Foucault para tentar remodelar o espírito sob o ângulo do discurso...

Djalma - Taí, taí uma coisa que acho interessante. Eu havia pensado nisso e fiquei de comentar com você. Esse tema de Foucault, eu sempre achei muito interessante e você sabe disso. A questão de que o discurso deve ser visto não como um mero significante, mas como acontecimento. Acho que vai dar naquela coisa que você falou de que o espírito personalizado e individualizado é, somente, um pouco mais do que um conjunto de discursos. Achei interessante aquela colocação.

Rick - Bom, mas é, de fato, muito interessante. Temos, corriqueiramente, o discurso como um instrumento para entender o mundo. O que ocorre é que os discursos são, podemos dizer assim, as próprias paredes formadoras do mundo. É por aí. Assim, o discurso forma o mundo que nos forma. Ou seja, também fazemos parte e formamos este mundo; afinal, também somos, absorvemos e produzimos discursos. O sujeito é, o que se pode dizer, a outra face da moeda. De um lado o objeto, do outro o sujeito e, no conjunto, o mundo.

DJALMA - É, aí, agora, você falou como Schopenhauer no livro *O mundo como vontade e representação*. A Vontade, com "V" maiúsculo seria a essência do mundo. Ela estaria nas forças originárias tipo a gravidade, a eletricidade, magnetismo, causalidade etc, para as quais não adianta se tentar buscar fundamentos.

A Representação seria o mundo dos fenômenos, que está no tempo e no espaço e que se submete aos princípios da razão. Se o mundo como Vontade é único e imutável; como Representação ele é diverso, variável e regido pela causalidade. A Representação nada mais seria do que a forma múltipla da Vontade una.

RICK - Caraca, que volteio! O pouco que sei de Schopenhauer, ele era muito ligado às religiões orientais, vedas, budistas e coisas afins, não?

DJALMA - Sim , bebeu muito nessas fontes.

RICK - Bom, não recrimino, mas não me entrego tão facilmente.

DJALMA - (Risos) Religiões são sua agrura, não é?

RICK - Nada obsessivo, só acho que em algumas situações trazem algum ruído, só isso. Já te falei antes.

DJALMA - Sim, Sim, recordo.

06 de julho de 2013

DJALMA - Olá, Rick, voltamos.

RICK - Paramos no meio, da última vez, não foi?

DJALMA - É. Não sei o que foi. Saí para resolver algo e acabei não retornando. Não sei, tenho sentido algo diferente nos últimos dias. Desde que retornei de Ilhéus...Como se algo estivesse me atormentando.

RICK - (Risos) Encosto, talvez...Estou brincando, só para não perder a oportunidade.

DJALMA - Ah, deixa, vai. Mas é algo que me entristece. Eu vinha tão bem...Você sabe.

RICK - É, talvez, um pouco de depressão. Natural, até, tendo em vista toda a situação, não é?

DJALMA - Sim, olhando por esse ângulo, seria até justificável, mas você é testemunha dos benefícios desses nossos encontros escritos. Você notou que tenho demorado mais de um encontro a outro.

RICK - Impressão sua. Temos mantido o padrão.

Djalma - Vamos pensar em alguma coisa para conversarmos hoje. Lembrei-me aqui daquele papo evolucionista.

Rick - Lembro.

Djalma - Sim, sobre a evolução humana...

Rick - Bem, não sei se chegamos a essa conclusão de evolução humana, não é? Aprendemos a nos ver como o ápice da evolução devido a essa nossa capacidade de abstração. Mas, sei lá... Se tomarmos por base que para a natureza o importante é sobreviver e se reproduzir, o raciocínio é apenas um instrumento a mais. Eu diria até que é um instrumento quebrado.

Djalma - Quebrado?

Rick - Ué?! E não é, não? Veja que se o objetivo seria sobreviver e se reproduzir, para que o mais? Ora, o ser humano canta, pensa, chora, mente e, por fim, até adoece devido à razão. Portanto, desenvolveu a capacidade de pensar e perdeu o controle sobre o objetivo original desse instrumento, que seria a sobrevivência e perpetuação da espécie.

Djalma - É, talvez devêssemos entender aí, no interior desse "sobreviver", o viver. É que tudo isso que você listou como consequência da razão, nada mais é do que o viver humano. Mas entendo o que você quer dizer. Rousseau falou qualquer coisa a esse respeito em seu livro *Emílio*. Ele disse que se um ser humano fosse abandonado à própria sorte, restaria completamente desfigurado em face do desenvolvimento da cultura. Ou seja, não há mais como entender esse animal de outra forma. E esse ser cultural transforma tudo que lhe cai às mãos. Desde os animais que lhes servem, ao solo, plantas, cursos de água, enfim, toda a natureza.

Rick - Isso! Eu penso assim e vou além, viu? Olhe, eu tenho visto por aí - ou melhor, eu via por aí, não é? Para colocar melhor as coisas - que o ser humano é isso, é aquilo, tem aura, espírito, reencarna blê, blê, blê, blá, blá, blá...

Djalma - Ô, e não tem?

Rick - Deixe eu terminar, cara...Eu não sei se tem ou não tem. Acho que, conforme conversamos, vejo tudo isso como uma questão conceitual. Muitas vezes o que eu chamo de um complexo de discursos, outro chama de espírito e adiante outro vê como "ideia", entendeu?

Djalma - Mais ou menos.

Rick - Observe, baseado nessa ideia de que a racionalidade nada mais é do que um atributo desenvolvido por nós humanos, para nossa sobrevivência e perpetuação, e que passou da conta necessária, a própria ideia de espírito fica esvaziada. Quero dizer, na forma em que o pensamento religioso o concebe.

Djalma - Bem, está meio confuso isso aí, não?

Rick - Mentalize, primeiro, o humano nas cavernas, ainda em seu estágio mais animalesco possível.

Djalma - Sim.

Rick - Como deve ser o seu dia?

Djalma - Bom, caçar, comer, beber, buscar abrigo e se reproduzir. Ou seja, procura atender suas necessidades básicas.

Rick - Isso! Se ele não encontra comida com muita fartura e não tem outros meios mais eficazes de caça, deve passar boa parte do tempo em busca de alimento, concorda?

Djalma - É possível.

Rick - Aí eu diria que o espírito desse humano reencarnou, vai reencarnar? Como conceber essa ideia de espírito aí nesse estágio?

Djalma - Em respeito a seu estado atual em não vou lhe dar a mesma resposta que você me deu antes.

Rick - Qual?

Djalma - Para responder isso vá ler as obras de Kardec.

Rick - Deixo a missão para vossa senhoria, tá?!

Djalma - Brinco assim, mas entendo o que você quer dizer.

Rick - O que eu quero dizer é que se temos um curral com mil cabeças de gado nelore, por exemplo, fica difícil entender quem é quem. Se esse gado pudesse falar, ouvir, comentar, enfim, raciocinar, por certo que cada um teria uma postura diferenciada em face da vida. Poderíamos dizer que cada um teria um "espírito", entendeu? Ou seja, para mim, espírito, se o queremos em sua integralidade e personalidade, é a capacidade idiossincrática de entender, elaborar, reter, transmitir e alterar discursos e ponto final.

Djalma - Tá bom, Zé Discursino (risos). Entendi e acho plausível. Mas você não está indo para o lado oposto da corrente, não?

Rick - Como assim?

Djalma - Voltemos a Jung. Ele dizia que o doutrinarismo e racionalismo são doenças de nosso tempo. Você critica as limitações das doutrinas religiosas em face da riqueza de detalhes da vida; por outro lado, se apega a um racionalismo desenfreado, sem espaço para nenhuma magiazinha, ou seja, sem condições para a aceitação de um pensamento mítico qualquer.

Rick - Não, eu não estou dizendo isso. Você é que está concluindo assim. Aliás, vou beber em sua fonte de conhecimento sobre o que dizia Claude Lévi-Strauss sobre o pensamento mítico. Para ele, como você bem sabe, o pensamento mítico é uma "forma intelectual de bricolagem". Trata-se de uma "ciência do concreto" que se equipara em muitos pontos ao pensamento científico moderno. Ou seja, segundo ele, o que há sobre o pensamento mítico são muitos preconceitos evolucionistas. E eu não me enquadro nesse tom. O que entendo é que por meio desse tipo de pensar podemos chegar a recantos ainda inalcançáveis pelo pensamento racional vigente. Muito do nosso conhecimento racional proveio de uma abordagem inicial mítica.

DJALMA - Tudo bem, bem explicado. Compreendo, agora, sua posição.

RICK - Entendo, todavia, que também não podemos desprezar a posição racional, naquilo que a racionalidade já traduziu em termos consideráveis. Portanto, no entendimento do espírito humano, ainda podemos até conceber alguma magia e fantasia; mas temos que passar a considerar um pouco a coerência dos fatos. Ora, por muitos anos o corpo humano foi depreciado por uma ordem religiosa que via nele uma fonte de pecados. O próprio ato da origem da vida foi tomado como o pecado original. Nietzsche trouxe um pouco de luz à causa. O dionisíaco com sua embriaguez foi por ele ressaltado. A vida em sua pulsão natural e carnal tem uma riqueza própria que não deve ser desconsiderada, dizia ele. É aí que começa tudo. Cara, chamar o ponto de partida da vida de pecado original, a meu ver, não foi uma escolha muito feliz. Tudo bem que a moralidade apolínea quisesse por freios no desmesurado Dionísio, mas daí a difamar tão importante fenômeno, foi demais.

DJALMA - Está empolgado, hem?

RICK - Eu acho que esse meu entendimento é a base de tudo que temos conversado até agora, sabia?

DJALMA - Pô! Veja aí a emoção do momento...

RICK - Falo sério! Vou fazer uma analogia que acho interessante. Veja a lagarta. Ela vive em seu arrasto por determinado período. Salvo aquela que encontra seu desfecho no bico de um esfomeado passarinho, em pouco tempo ela se transforma em uma crisálida e logo se metamorfoseia em uma linda borboleta. O mesmo ocorre com vários outros insetos, peixes, sapos etc. Primeiro, a fase inicial da vida; depois, a vida adulta. Ora, veja o ser humano em face do que chamamos de espírito. Após o contato carnal entre os sexos, o corpo se forma. Pouco tempo depois da fecundação, ainda no ventre materno, a criança passa a absorver discursos em sua mente. Nasce, cresce e se torna adulta. Agora, para entender melhor o que eu quero dizer, faça uma experiência. Converse com quem poderíamos chamar de uma pessoa com um grande espírito iluminado; ela aos quatro anos de idade e, depois, aos cinquenta. Você estaria tratando com a mesma pessoa nessas duas épocas? Fica difícil dizer isso, não é?

DJALMA - De fato.

Rick - A quantidade de discursos vivenciados pela pessoa de cinquenta é imensamente maior, ou não?

Djalma - Obviamente. Não só discursos, mas experiências de vida.

Rick - No frigir dos ovos as experiências de vida não passam de discursos, também. Afinal, como absorver qualquer experiência se antes ela não for traduzida em discurso para sua mente. Ou seja, em algum tipo de narrativa?

Djalma - Espera aí, cara, onde você quer chegar? Que o adulto seria, então, a borboleta?

Rick - Não se precipite, meu pai. O estado larval, nesse caso, é o próprio corpo, entendeu?!

Djalma - Bem...eh...Bom, quer dizer...Estou sem saber o que dizer, não é? Nunca ouvi falar disso...Quero dizer, assim, dessa forma.

Rick - Compreendo sua estupefação. A tese é que o espírito, em sua integridade e individualidade, não existe sem antes ter havido um corpo que o tenha gerado.

Djalma - Então, essa história de reencarnação você está batendo o martelo que não existe?

Rick - Não, necessariamente. É que o caso mais importante aqui não é esse. O que eu quero destacar é que o que chamamos de espírito nasce junto com o corpo e vai se formando ao longo de sua fase larval. O que deu origem a isso tudo foi a hipertrofia da razão. Sem razão não há discurso, sem discurso não há espírito individualizado, com personalidade própria; não há magia nisso, não.

Djalma - De fato, olhando assim, não há mesmo. Então, para você a "borboleta" surge com a morte?

Rick - Isso, a morte encerra a fase "larval" e desencadeia a fase adulta do ser humano.

Djalma - Diga-me, e os casos que fogem à normalidade? Por exemplo, crianças que morrem ainda jovem, pessoas com problemas mentais...

Rick - A linha é reta. Na natureza não tem remendo. Veja bem. Na vida encarnada não há aqueles que chamamos de loucos? Não há as crianças?

Djalma - Claro!

Rick - Por aqui também. A natureza não faz conta disso. Lembre-se que essa história de bom ou ruim, bem ou mal, feio ou bonito, ou seja, a ética e a estética, como nós as concebemos, são questões culturais, humanas, melhor dizendo, são crias da razão. Agora, interessante aqui um ponto. Veja que no pensamento mítico religioso cristão há a figura dos anjos. Ninguém nunca ouviu nenhuma história de anjinhos passando sermão, doutrinando alguém, ou com algum outro comportamento mais maduro, já?

Djalma - Que eu saiba, não. Mas daí se conclui o quê? Que os anjos...

RICK - Não, eu não concluo nada, foi uma lembrança, assim, descompromissada, só para fazer valer aquele nosso papo sobre pensamento mítico e a utilidade dele em searas onde o pensamento racional não chega.

DJALMA - E aí, velho, não há condescendência? Morreu doido fica assim para a eternidade?

RICK - Eu nunca disse isso. A eternidade tem um duração sem fim. Se em uma vida encarnada pode acontecer tanta coisa, imagine na eternidade. O importante é saber que a natureza e as forças que a formam não se envolvem emocionalmente com nossas agruras. Aliás, devo acrescentar, que as agruras fazem parte da natureza. A "Força" primordial, gigantesca e maravilhosa, é o grande poço de onde tudo promana. Só que essa "Força" se desdobrou em várias outras, que se digladiam ou se unem como leis da natureza, para formar tudo que existe. Temos aí as leis da gravidade, do magnetismo, da causalidade, da inércia entre outras. É desse confronto ou dessa união que surgem as galáxias, planetas, asteroides, plantas, minerais, animais etc. Em suma, somos a resultante do embate ou da convergência de forças titânicas, cujas origens não temos condições de vislumbrar.

DJALMA - Amplo, grandioso discurso esse seu, viu? Estou orgulhoso.

RICK - Fico feliz em saber disso. Podemos falar mais sobre o assunto. É um papo que eu gosto muito. E agora, que eu posso ter seu auxílio mais imediato, temos muito a caminhar.

DJALMA - Espera aí, velhão, diga mais, aí. Quer dizer que o espírito é discurso. Que o corpo é a fase larval da vida. O espírito individualizado e com personalidade tem início com o nascimento do corpo. Os anjos..., bem, o mito angelical é um exemplo de acesso do raciocínio mítico a recantos onde a razão ainda não tem acesso, e que, talvez, expliquem, de alguma forma, a situação das crianças que morrem ainda nessa fase da vida.

Porra, cara, não sei se eu choro ou se eu sorrio. E a eternidade? Fale um pouco dela. Não, espera aí, esclareça-me uma dúvida, o espírito, ou discursos, sei lá...Bem, vamos chamar de espírito mesmo. O espírito pode deixar de existir? Bom, porque se ele nasce, tem o perigo de morrer, também, ou não?

RICK - Sim e não. Ou seja, tudo se acaba em um talvez.

DJALMA - Porra, começou o lero-lero. Ia tão bem. Deixa de enrolação, carinha.

RICK - Não é enrolação, não, meu pai, sossegue. Olhe, vou dizer, o espírito pode, sim, desaparecer...

DJALMA – Aí, lascou, quem queria viver uma eternidade de glórias e investiu velas, rezas e promessas para isso, teria comprado um engodo?

Rick - Você hoje está que está, hem? Apressado, agoniado...Segura aí, cara. É o seguinte, não podemos falar da morte de um espírito, assim, como se fala da morte de um bezerro. A coisa tem outra formatação. Temos que recapitular e dar nossos pulos para entender um pouco o processo.

Djalma - Coisa longa?

Rick - Não e sim. Temos que recapitular as origens, a natureza do fenômeno "espírito", o conceito de eternidade entre outras coisas mais.

Djalma - Iiiih! Vai render. Olhe bem, vamos suspender por hoje. Já está muito tarde. Na próxima sessão continuamos.

Rick - Feito. Beijo, meu pai.

Djalma - Beijo para você, carinha.

10 de julho de 2013

Djalma - Rick?

Rick - Oi.

Djalma - Hoje...

Rick - Já sei, já sei e já esperava.

Djalma - Anda bem. Acho que cheguei a um ponto tal que preciso de algo novo. Essa semana foi de lascar.

Rick - Sei disso, a audiência, não é?

Djalma - Exato. Não quero entrar no mérito, mas foi assunto de seu tempo por aqui, tem resíduos. Perdoe-me carinha, acho que agora preciso falar em *off* com você.

Rick - Em *off*?

Djalma - Sim, fora do texto publicável. Converso com você a qualquer hora e momento, mas só tenho a sensação forte de ter conversado quando escrevo. Não sei a razão dessa loucura.

Rick - Eu também não.

Djalma - Rick, essa paranoia minha de achar que o carro de seu acidente foi sabotado...Penso assim, você não estava bebendo....Aquele acidente, naquele local, sem muita explicação. Ademais, na última segunda-feira, no momento da audiência, o síndico falou algumas coisas preocupantes. A audiência não tinha nada a ver com o acidente, não havia porque ele tocar no assunto tão maldosamente.

Rick - Meu pai, eu já pedi para não falar mais nisso. Mas, vá lá, diga o que tanto te atormenta, pode ser que assim você sossegue.

Djalma - Sei lá, nós tínhamos aquela ação desgastante contra o condomínio que morávamos, lá no Rio Vermelho, como você bem sabe. Apesar das pessoas boas que conhecemos por lá, sabemos que tinha uns poucos de caráter duvidoso, daí a confusão que foi gerada. Seu carro estava na porta do prédio e, algumas vezes, ficava lá embaixo. Não seria difícil algum desafeto nosso ter mexido na direção hidráulica. Sei que você ia com velocidade, mas se o carro estivesse alterado, na curva, era claro que você perderia a direção.

Rick - Sabe, meu pai, eu estava lá e também acompanhei a agonia por causa daquela festa, que gerou todo aquele processo absurdo nosso contra o condomínio. Independente disso, não posso garantir que alguém tenha mexido no carro. Já lhe disse que o fato de estar por aqui não nos dá poderes mágicos. Mas entendo que, se algo de mau foi feito, não sou eu que devo julgar ou provocar qualquer julgamento por parte de vocês. Veja a história de Jesus Cristo. Todo mundo a conhece. Para ela existir teve que aparecer um discípulo cretino que entregou o líder carismático que só pregava o bem. Ora, não sei se foi meu caso, mas os judas sempre vão existir para que a história aconteça e ninguém pode fazer nada contra isso. E, acredite, a história sempre acontece, inclusive para os judas. Portanto, isso que está apoquentando sua cabeça, não sou eu pedindo vingança. É a saudade que aperta mesmo, e isso vai esgotando o sistema nervoso. É natural que, muitas vezes, procuremos um culpado para nossas dores. O que ocorre é que, quase sempre, essas buscas são penosas e infrutíferas. Além disso, podem provocar muita injustiça. Sabe aqueles filmes de familiares clamando por justiça, quando um ente querido aparece assassinado? Lutam, gastam rios de dinheiro, arriscam suas próprias vidas para, depois de tudo apurado, dizer, "enfim, fulano vai descansar em paz".

Djalma - Bom, de certa forma é essa a sensação.

Rick - Olhe, eu lhe digo o seguinte, ponha isso em sua cabeça e oriente minha mãe no mesmo sentido. Eu não estou pedindo justiça nem vingança contra ninguém. Por um simples motivo, não estou acusando ninguém de nada e ponto final. Ademais, meu pai, olhe o que estamos fazendo todos esses dias. Você acha que eu estou preocupado com outra coisa? Deixemos de ilusão, velho, eu estou tentando lhe dizer algo que pode mudar sua visão de mundo completamente. Cara, por aqui não se sofre, desde que se tenha postura. Aliás, justiça se faça, aprendi com você que sempre dizia, a gente tem que ter postura na vida. E eu acrescento, na morte também (risos).

Djalma - Talvez eu ainda esteja meio confuso. Afinal, você conhece os dois lados, mas, por enquanto, eu só conheço o lado de cá.

Rick - Bom, então ficamos assim, tire isso da cachola e vamos estudar nossos temas para enriquecer nossos papos. Ouça bem e aprenda, minha situação, graças a você e essa sua coragem de persistir comigo de forma tranquila e natural, sem choraminguices, é de muita paz e tranquilidade. E quem foi que lhe disse que se descansa por aqui? Ah, somente por aí se cansa e se descansa. Aqui há outro tipo de fadiga. Eu diria, para inventar um nome para uma coisa difícil de se traduzir, que seria uma fadiga astral. É aquele choque de se chegar em um lugar, sem bagagem, sem roteiros, sem se saber onde e por quê. Sem luz, sem olhos, enfim, sem corpo. Tudo diferente, inexplicável, até; a sensação do eu completamente abalada. Tudo aquilo que aprendemos a amar some. É como se vivêssemos um oco, um vazio. Se conseguimos sintonizar uma pessoa que ainda esteja por aí e que sofre muito, a agonia é terrível; sobretudo se esse sofrer é de alguém que amamos, e por nossa causa, entendeu?

Djalma - Bom, é difícil de compreender, mas posso fazer uma ideia.

Rick - Posturas como a sua são um grande bálsamo. Quer ver, releia nossos papos iniciais; eu estava completamente atônito no início. A ficha só está começando a cair agora.

Djalma - Fico feliz em saber disso, Rick. Você sabe que durante a semana, quando estou distante dessas nossas sessões, às vezes fico bastante deprimido, minha cabeça chega a arder de tanto desencanto com a vida. Quando converso com você, em nossas sessões escritas, parece que fico mais leve. Sei lá, tem horas que me ponho a duvidar se é com você mesmo, que eu troco essas ideias. O que salva é a sensação de tranquilidade que fico depois. Ela é tão gratificante que tenho aquela certeza de que dialoguei com um grande amigo.

Rick - A recíproca é verdadeira, quero dizer, não na parte da dúvida, mas na parte da tranquilidade.

Djalma - Na última sexta, tivemos um encontro lá em casa. Comemoramos a chegada da Espanha de Eduardo Coutinho, seu grande amigo, como sabemos. A nata de sua galera estava lá, só faltou Paloma, que não pôde ir.

Rick - Eu sei, foi bastante legal. A situação de Paloma é muito mais difícil. Entenda. Ela precisa se libertar. Éramos muito apegados. Ela ainda tem muita vida por aí e precisa seguir o rumo devido sem tanto sofrimento. Até para eu ajudar é complicado. Imagine, se ela continuar muito ligada a mim, comigo aqui, ela poderá deixar de viver e amar outra pessoa, o que é uma tremenda bobagem. Às vezes fico imaginando como dizer isso a ela sem que ela se choque ou se frustre comigo.

Djalma - Você acha que ela não deve se recordar de você, tentar conversar com você?

Rick - Temos nos comunicado; mas sigamos os ensinamentos de Manuel. Se a pessoa não se sentir preparada para isso é melhor não continuar. Recordar, tudo bem, até porque uma coisa boa, como foi nossa relação, ninguém nunca esquece. Porém, um contato mais próximo, como nós dois estamos mantendo aqui, se a pessoa não tiver equilíbrio, acaba virando escravo do além (risos), está ligado? Agora, quando se amadurece o entendimento entre o que chamam de vida e morte, aí sim, pode-se aprender a separar as duas esferas. Se não fosse assim, o que seria das viúvas e dos viúvos jovens e saudáveis? Imagine! Uma existência de sofrimento e solidão forçada, sem um companheiro ou companheira para repartir os aprendizados e experiências.

Enfim, meu pai, é como diz a sabedoria popular — que nesse caso é útil — a vida segue seu caminho. Novas estradas, novos desafios, novas conquistas. O Universo é imenso e as oportunidades infinitas. Acho que já conversamos sobre isso.

Djalma - Já conversamos. Achei muito para cima aquele papo. Aliás, este também, Rick. Tudo isso me surpreende. Às vezes venho para nossa sessão imaginando um papo, com alguma ideia do que vou escrever na sua fala. Engraçado é que aqui a coisa toma outro rumo. Com isso, o que eu imagino ser sua fala, como se fosse uma ficção, ganha volume e realidade. É uma sensação maravilhosa, de presença mesmo. Eu escrevo e penso muito rápido, sem tempo para muita reflexão; depois de muito digitar, volto para ler o resultado e fico espantado com o significado do conjunto, sempre distante do que eu imaginara no início.

Rick - Bom, eu já lhe disse que certeza, certeza, nunca poderei lhe dar. Se fosse possível, seria o caos. Mas os fatos estão aí, não é?

Djalma - Ok, já vou descansar. Você não sabe como foi bom conversar com você, especialmente hoje. Olhe, achei seu papo tão elegante que acho que vou mantê-lo na publicação.

Rick - Você é quem decide, beijo, meu pai.

Djalma - Beijo, Riquinho.

15 de julho de 2013

Djalma - Olá, Rick.

Rick - Diga, dad.

Djalma - Vamos de quê, hoje?

Rick - Papos e sapos, têm sido o nosso cardápio (risos).

Djalma - Ontem estivemos com Jorge e Maria Backes lá na casa de Fred.

Rick - Sei, ora se não sei. E daí?

Djalma - Nada. Só me lembrei da última vez que você esteve fisicamente por lá, com Teo e Mig, lembra? No ano passado, quando vocês tiraram uma foto igual àquela antiga, de vocês quando crianças, em Macapá.

Rick - É, eu me lembro, foi emocionante aquela foto. Sabe, naquele momento, foi como se a gente sentisse na pele o tempo passar.

Djalma - É, e ontem eu senti ainda mais; pude constatar como o tempo passa misterioso em seus desígnios.

Rick - (Risos) Tempo não tem desígnios. Ele só acontece, só isso.

Djalma - Sei, falo assim de forma figurada. O tempo passa e a gente deve procurar entendê-lo. Basicamente ele não é muito mais do que a possibilidade de antagonismos em uma mesma matéria.

Rick - Venha de lá com sua filosofia!

Djalma - É isso, entendimento schopenhauriano. Imagine uma tela em branco. Como ela pode ser branca e preta? Somente com a mudança de algo. Pela manhã você pode tê-la alva como uma nuvem; pela tarde, negra como o fumo. Ou seja, o tempo é essa possibilidade de alternância de formas na mesma matéria. Se tudo permanecesse sempre como está, não se poderia imaginar o tempo.

Rick - Interessante...

Djalma - Foi de desdém esse seu "interessante"?

Rick - Não, meu pai, que desdém, achei muito interessante. Algo tão simples, com uma observação mais acurada pode nos levar a pensar. Poxa, você está apresentando uma coisa dificílima de se conceber, como é o tempo, de uma forma bastante simples. A possibilidade da sequência de dois eventos diferentes na mesma matéria, isso é o tempo.

Djalma - É, pescando de um grande filósofo, não é ideia minha.

Rick - Tudo bem, acho que tudo é muito simples depois que a gente entende. Antes disso, são firulas e firulas, construções, papo, conversa, encenações, fantasias para explicar o que ainda parece inexplicável.

Djalma - Bem, o que você falou aí nós já conversamos, de certa forma.

Rick - Já? Também, temos conversado tanto nesses últimos dias, que devemos ter conversado isso mesmo, não me lembro.

Djalma - Rick, lamento, mas nosso papo hoje vai ser mais curto. Já passa das três da manhã. Vou dormir que tenho que levantar muito cedo. Estamos planejando ir com Maria e Jorge em uma excursão pelo recôncavo baiano. Eu, sua mãe e eles dois. Parece que Eliane, sua prima do Rio de Janeiro, vai nos acompanhar.

Rick - Legal. Mande um cartão-postal (risos).

Djalma - Deixe de graça, carinha, grande beijo. Olhe, na próxima comentamos mais sobre nosso papo de hoje. Acho que você revolveu aquela questão do pensamento mítico. E vamos chamar Manuel, nunca mais tivemos contato com ele.

Rick - Estamos aí, meu pai, beijo.

18 de julho de 2013

Djalma - Olá, Riquinho.

Rick - Diiiiga.

Djalma - Estou cansado, meu amigo. Acordamos cedo lá em Cachoeira para dar tempo de visitar mais alguns locais antes de sair. Eliane ia pegar o avião aqui em Salvador, para o Rio de Janeiro, às duas da tarde; eu tinha alguns compromissos. Foi um corre-corre.

Rick - Imagino.

Djalma - Você sabe que fomos lá para fazer companhia aos amigos gaúchos Jorge e Maria, que desejavam conhecer parte do recôncavo. Achei bom. Precisamos dar uma folga à cabeça, de vez em quando. Sua mãe, pela intensa saudade de você, fato que a tem esgotado. Quanto a mim, esse nosso projeto maravilhoso tem ocupado meus momentos de forma sublime, com você, obviamente. Todavia, quando não estou nele, pelas contingências da vida ou necessidade de leitura, a depressão me corteja.

Rick - Bom, obrigado pela parte que me toca, não é? Legal que vocês tenham descansado. Temos muito serviço e você sabe disso; cansar é para os fracos (risos). Quanto a minha mãe, poxa, compreendo a situação dela, mas fico aflito em não poder ajudar. Muitas vezes sinto-me um pouco culpado...

Djalma - Sei que esse sentimento de culpa seu é um pouco institucional.

Rick - Como?

Djalma - Forma de falar. Quero dizer que essa culpa sua, na verdade, é um desejo de que as coisas não tivessem sido exatamente assim. Portanto, não é exatamente um sentimento de culpa. Eu diria até que, de certa forma, aproxima-se daquela passagem bíblica em Lucas 22:42-52: "afasta de mim esse cálice...".

Rick - Eu sei o quanto é difícil conter essa vontade de um contato físico e visual. Afinal, o nosso início de existência é todo calcado nessa dimensão.

Djalma - Exatamente. Quando eu comento com alguém sobre nossas conversas, sempre surge a pergunta se eu ouço, mesmo, sua voz. Engraçado é que ninguém nunca levantou dúvida quanto ao fenômeno em si, não sei se por educação ou piedade, mas a pergunta se eu o ouço de fato é constante.

Rick - Bom, talvez seja para avaliar se você está ficando maluco, não é?

Djalma - É, coisa de gente muito certa não deve parecer. Bom, e aí, voltando ao nosso último papo, sobre a questão do tempo, quando você falou que tudo fica mais simples depois que se conhece.

Rick - Sim?

Djalma - A gente já tinha conversado sobre o pensamento mítico, lembra?

Rick - Ô...

Djalma - Quando você falou das firulas e firulas antes do entendimento das coisas. Eu acho que essas firulas, em muitos casos, podem ser tomadas como tentativas de se explicar o que ainda é inexplicável.

Rick - Não há duvida.

Manuel - Diga aí, bichão, estamos sempre por perto. Não me meto muito na conversa por respeito ao espaço de vocês. Cara, estou cada vez mais espantado com Rick. Eu não o conhecia muito bem, rapaz...!

Rick - O que foi, Manuel?

Manuel - Bichão, aquele papo de vocês sobre a questão da vingança, eu achei dez, viu?! É isso mesmo, Rick, concordo com tudo o que você disse. Tem que deixar para lá mesmo. Não é questão nem de perdoar, porque só se pode pensar em perdoar uma ofensa que temos certeza de ter sofrido. Naquele caso, como você disse, não devemos nem especular sobre o assunto. Só isso já pode trazer algum tipo de prejuízo a algum inocente.

Djalma - É, Manuel, também achei sensato. Aliás, estou em falta com vocês. Pensei em ter sempre temas novos para discutirmos, justamente, para sentir essa sensibilidade vinda daí, mas vejo que estou um pouco lento no negócio.

Manuel - Que é isso, Djalma, não se preocupe, não, rapaz, a gente entende que as atividades são muitas por aí, principalmente para você que não para quieto (risos).

Djalma - Manuel, esse seu viés de gozação eu não conhecia.

Manuel - Não, não, rapaz, não é gozação, não, é um elogio. Acho que é até um talento seu. Falo sério, bichão!

Rick - A fama que ele não tem por lá está rendendo por aqui, Manuel.

Manuel - É mesmo, sua fama está boa. Mas seu coração é grande, é por isso que você está convencendo. Ah, mas, fama? Também isso não é tão importante, Rick.

Rick - E aí, meu pai, o que você queria ao retornar com aquele papo de pensamento mítico?

Djalma - Rick, vou ficar em falta com você. Estou quebrado de sono. Vou descansar um pouco.

Rick - Você é quem sabe, estamos sempre a postos. Beijos.

Djalma - Grande beijo.

21 de julho de 2013

Djalma - Olá, Riquinho, de novo no pedaço...

Rick - Mande ver.

Djalma - E aí, acho que podíamos conversar um pouco sobre aquela questão da origem do espírito; achei interessantes aquelas colocações. Aliás, estou conduzindo algumas leituras naquele sentido.

Rick - É uma mudança de paradigma, de certa forma. Uma vida eterna, de repente, vista como semieterna.

Djalma - como assim?

Rick - Digo semieterna como analogia a uma semirreta. A semirreta, em tese, também é infinita, só que, apenas, para um de seus sentidos.

Djalma - Ah, entendi. A existência do que temos por espírito, este concebido de uma forma integral, começaria com o nascimento do corpo, teria seu desenvolvimento com a vida encarnada e prosseguiria no além.

Rick - Sim.

Djalma - Bem, se é assim, um assassinato de uma criança traria um dano muito maior para a existência de uma pessoa do que o que se imagina hoje.

Rick - Sim, obviamente. O dano não se resume tão somente à perda da vida carnal, ao sofrimento dos amigos e familiares, perde-se, também oportunidade de um maior desenvolvimento do próprio espírito. Isso muda o curso de uma existência.

Djalma - E aí, o dano é irreparável?

Rick - Não, nada é irreparável. Só que custa. Quem vive só o presente sofre demais. O mundo segue em eternos volteios, novas e infinitas oportunidades ressurgem a todo tempo. A médio e longo prazo, nada vem para o mal.

Djalma - Pelo que vejo, você vai descambar na reencarnação dos espíritas kardecistas. Aquela história já batida de sempre, o garoto morre, reencarna como filho ou pai do algoz etc etc.

Rick - Eu não tenho toda a ciência do mundo, até porque conhecer tudo é muita pretensão, mas essa concepção da reencarnação kardecista, apesar de não estar de toda equivocada, também tem seus mitos.

Djalma - Como assim?

Rick - Partamos da ideia de que o que chamamos de espírito surge com o corpo. Só isso já desautoriza a ideia de reencarnação como hoje se entende. Esse corpo que a natureza nos dá é exclusivo de um novo espírito e ponto final. Esqueça o resto.

Djalma - Bom, aí já morreu o papo. Se não reencarnar em um corpo humano vai reencarnar em que, num jegue?

Rick - Meu pai, pegue leve.

Djalma - Num passarinho, então?

Rick - Ah, meu pai, sem brincadeiras.

Djalma - Ô, passarinho é bem mais leve, ou não é?

Rick - Olhe, esquece, viu?!

Djalma - Não se aborreça com minhas pilhérias, faço isso quando acho a história meio escabrosa, e essa então...!

Rick - O que é que tem de escabroso, aí? O fato de negar alguns dogmas kardecistas.

Djalma - Bom, pergunte a Manuel, se é um que tem bagagem kardecista é ele.

Manuel - Rick, meu velho, você pode ter até razão em algumas coisas, mas eu não concordo com alguns pontos que você colocou. Essa questão da reencarnação, por exemplo, você tem que se informar melhor, rapaz. Olhe, não são só os kardecistas que garantem isso, não. Várias outras crenças, milenares, até, são reencarnacionistas. Aliás, essa questão do aprimoramento do espírito por meio de várias vidas também é coisa antiga. Você está me parecendo que quer reinventar a roda.

Rick - Manuel, eu vou te perguntar uma coisa, meu amigo, você já pegou a senha?

Manuel - Que senha, rapaz?

Rick - Para reencarnar. Ô, se a coisa é verdade e você está por aqui, então já devia está cuidando da burocracia para renascer, meu caro, devia até preparar o chazinho de bebê (risos).

Manuel - Rick, tu sempre foste brincalhão, não é, cara?! Rapaz, tudo tem seu tempo. Nós não estamos fora de prazo. Aguarde e verás.

Djalma - agora, o que eu achei interessante não foi a discordância de vocês dois, não; muito pelo contrário, o interessante foi a concordância.

Manuel - É, eu não discordo de muito do que Rick diz, porque, depois que eu desencarnei, verifiquei que muitas coisas que eu imaginava, de fato, parece não ter cabimento. Uma delas é o formato que eu pensava ter essa dimensão aqui. A outra é a dificuldade que a gente encontra para se comunicar; eu achava que era bem mais fácil para o desencarnado. Depois, essa perda de referência de tudo. É como se você deixasse de pensar para se transformar na própria ideia. Além disso, essa nossa dependência de quem está encarnado é assombrosa. Quer dizer, precisamos do outro para nos sentir existindo. Então, essas novidades me deixaram mais aberto a novas acepções. É por isso que estou tão atento ao papo.

Djalma - Rick, você está devendo alguns esclarecimentos, meu caro. Afinal, você, em sua fala, impediu a reencarnação do povo, mas, ao mesmo tempo, deixou uma brecha para acontecer. Como é que fica isso?

Rick - Bem, a explicação de alguns fenômenos sempre tem uma raiz mais profunda, principalmente se é sobre um conhecimento que foge um pouco aos padrões estabelecidos.

Manuel - Lá vem Rick com molequeira.

Rick - Não, Manuel, agora é sério. Olha, passa a régua. Esquece o que você aprendeu sobre magias, encantos e feitiçarias. Imagine um planeta que chegou a uma boa distância de uma fonte de calor, com uma gravidade tal que possibilitou a fixação de uma atmosfera e proporcionou ambiente para a combinação de átomos de carbono e hidrogênio, que resultou na formação de moléculas de proteínas.

Djalma - Rapaz, agora eu estou vendo que o dinheiro que gastei na educação desse menino não foi em vão (risos).

Manuel - Djalma, deixa ele falar, porra, não perturba.

Rick - Cara, meu pai, dá um tempo, velho. Mas vamos lá. Daí, anos e anos, bilhões deles se passaram. Imaginem todo tipo possível de combinação entre as moléculas de proteínas, no caldo quente que se formou sobre a superfície da terra, quando o planeta ainda não estava totalmente resfriado. Observem que estou falando de bilhões de anos, o fóssil mais antigo data de milhões de anos. Veja a diferença de idade.

Manuel - Legal, Rick, está indo bem. Se levarmos em conta que o homem no estágio em que se encontra hoje surgiu há somente alguns milhares de anos, pensar em milhões de anos joga muita imaginação na história; calcule, então, o que se pode vislumbrar quando se fala em bilhões de anos.

Rick - Claro, dinossauros teriam vivido há dezenas de milhões de anos. A Terra, a ciência admite, deve ter em torno de cinco bilhões de anos. Vocês conseguem fazer ideia do que é isso?! De tudo o que pode ter acontecido nesse imenso período?!

Djalma - Para a Bíblia, a Terra tem apenas seis mil anos. É como já falamos, essa linguagem bíblica está impregnada de mitos e misticismos que não devem ser rechaçados; todavia, devem ser entendidos de acordo com os arquétipos que propõem.

Rick - Meu pai, por enquanto, deixemos a Bíblia de lado. Voltemos à Terra. Para não nos delongarmos muito, há alguns milhões de anos surgiram os hominídeos. Por razões diversas, algumas das quais já conversamos antes, o ser humano desenvolveu a faculdade da razão. Até então não havia como se falar de espírito. O homem era sua manada, sua espécie em luta pela pura sobrevivência, de igual para igual, ou às vezes nem tanto, com outros animais e contra as adversidades do meio.

Manuel - Rick, por que não falar de espírito? Explique aí.

Rick - Ora, um humano, um macaco, um quati, no campo, pastando ou caçando para sobreviver, qual a diferença maior entre eles, além dos caracteres inerentes à forma e à fisiologia de cada espécie, se nenhum deles tiver o atributo da razão?

Manuel - Talvez não seja bem por aí. Quem pode afirmar que a razão tem essa natureza de atributo evolucionista? Quem pode garantir que, de fato, não foi o Criador supremo que criou a espécie humana a sua imagem e semelhança para povoar o mundo.

Rick - Manuel, acorda, rapaz, que tu estás morto, cara (risos)! Olha para teu lado, rapaz, tu estás vendo alguma coisa? Tem alguém aí? Amigo, se nós, quando encarnados, tivéssemos a imagem e semelhança de Deus, seria um absurdo. Eu te pergunto, para que Deus onipotente e onipresente iria necessitar de pernas, braços, olhos e os demais órgãos humanos? Meu caro, a única coisa que podemos admitir com bom senso é que, de fato, existe algo que não conhecemos e que, de alguma forma, desencadeou as forças maiores do universo; tudo o mais é especulação. Nós somos natureza, a nossa razão tem origem na natureza e isso não é pouco. Aprendemos a fazer abstrações, prever o futuro, temer o imprevisível e a morte. Necessitamos da concepção de um ser superpoderoso, racional como nós, ou seja, que pensa com nossos valores e considera nossos pequenos interesses, para nos sentirmos protegidos. Confundimos esse "super-homem" imaginário com essa "Força" desconhecida do universo. Esquecemos, ou preferimos nem lembrar, que esse mundo que conhecemos, com amores, ódios, mesas, cadeiras, igrejas, navios, ferramentas, aborrecimentos, preocupações, planejamento, saudades, esperanças, tristezas e felicidades é uma criação exclusiva da mente humana. Portanto, o mundo é humano, demasiado humano.

Djalma - Ressuscitou Nietzsche, garoto?

Manuel - Vai Rick, continua, está indo bem, rapaz. Estou gostando.

Djalma - Antes disso, Manuel, deixo aqui algumas citações de Nietzsche que acho Interessante e bastante ilustrativas do que estou entendendo do discurso de Rick. "Desde que acabou a crença de que um Deus dirigiria os destinos do mundo em seu conjunto e (...) os conduziria como senhor a bom termo, são os próprios homens que devem se propor a fins ecumênicos que abrangem toda a terra."

Manuel - Interessante, Djalma, Nietzsche falando em fins ecumênicos...

Djalma - Acho que o sentido da palavra aí é grego e tem a conotação de civilização, de cultura aberta. Mas ouça essa outra para você não perder o espanto com Nietzsche. "Do mundo metafísico, absolutamente nada se poderia dizer senão que é um ser-outro, um ser-outro inacessível e incompreensível para nós; seria uma coisa com atributos negativos".

Manuel - Rick, prefiro suas explicações, vamos lá.

Rick - Cara, vocês ficam interrompendo, eu perco minha inspiração. Lá se foi o ritmo; onde foi que eu parei?

Djalma - No mundo humano.

Rick - Sim, demasiado humano. Pois é. Partindo daí, ou paralelo a isso, temos esse infinito e único "Ambiente Operacional" chamado, por alguns, de Deus. É como um Grande Manancial que é a origem e a razão da existência. Esse Ambiente é uno. Ele compõe tudo o que se vê e o que não se vê.

Djalma - Desculpe-me a intervenção, Rick. Mas você me fez lembrar, novamente, Schopenhauer e sua Vontade una, que compõe tudo no mundo dos fenômenos.

Rick - Eu não estou reinventando a roda. Como Manuel já disse antes, essa ideia existe e é antiga. Portanto, desse manancial Uno também surge o ser humano, sua razão e seu mundo.

Djalma - Um aparte, companheiros, só para reforçar o que eu já havia colocado antes. Esse mundo do homem, para Schopenhauer, é o mundo dos fenômenos, o mundo como Representação, o qual depende do par sujeito-objeto para existir. Ou seja, é o mundo fenomenal cujo sentido é dado pelo olhos que veem, inclusive os dos animais. No caso dos homens, surge o pensamento abstrato, não acessível aos seres desprovido da razão.

Rick - É mais ou menos por aí. É nesse pensamento abstrato que se formam os sentimentos. É devido a ele que se pode falar em um "espírito". O homem é capaz de entender o seu semelhante, criar narrativas próprias, mentir, aprender, ensinar, de maneira muito particular a cada indivíduo.

Tudo isso foi se desenvolvendo, foi se criando subsidiado pela razão. Ou seja, a identidade do "espírito" provém, portanto, de um misto de memória de discursos ouvidos, aceitos e proferidos, processados de maneira idiossincrática, em função do meio e da experiência vivencial que vai sendo acumulada por cada indivíduo, tudo isso burilado em função da genética de cada um.

Djalma - Manuel então falou certo quando disse que ele deixou de pensar para se transformar na própria ideia. Pelo que Rick fala, é bem isso aí.

Manuel - Rick, rapaz, estou abismado, viu? Muito legal mesmo. A gente precisa conversar mais. Djalma, meu velho, não fuja da raia, precisamos de você até o fim.

Djalma - Ok, estamos nessa. Eu também estou achando o papo interessantíssimo.

Mas, agora, meus caros, vamos descansar por aqui, já que por aí, segundo Rick, não se cansa, tampouco se descansa. Grande beijo a todos.

Rick - Beijo e até breve.

26 de julho de 2013

Djalma - Olá, amigos.

Manuel - Oi, Djalma, hoje sou eu que faço o começo. Acho que Rick vai me permitir isso.

Rick - Vá em frente.

Manuel - É o seguinte, sei lá, acho vocês estão viajando demais. Não, claro, eu sei que tem muita coisa nova e interessante, que eu nunca tinha ouvido falar. Mas tem outras que vocês estão viajando.

Rick - A viagem é uma só, Manuel. O que eu estou falando é coisa sentida e pensada. Não sou a grande enciclopédia do mundo. Tenho cá minhas explicações e reflexões para o que tenho vivido com os últimos acontecimentos. Você pode ter as suas e eu respeito. Agora uma coisa é fato, se você tem uma formação religiosa muito intensa é óbvio que não vai ter muita liberdade para pensar o mundo em outras bases que não seja a de sua formação. E o que eu tenho dito é que isso não é errado, o mundo pode ser observado por várias óticas. A tese que procura explicar os mistérios do mundo, seja ela qual for, religiosa ou filosófica, não vai alterar o que de fato ocorre, pelo menos no sentido macro. Ou seja, se um grupo qualquer crê que a vida depois da morte leva a um paraíso com dezenas de virgens; ou que é uma grande expectativa para reencarnação; ou ainda, que é um nada sem fim; essas crenças não interferirão no que de fato ocorre. No máximo, o que vai acontecer, para aquele que crê num pós-vida fantasioso, é passar boa parte de sua existência enganado.

Aliás, eu complemento, se tivermos uma postura mais adequada aos objetivos comuns, mais cedo todos chegaremos aonde desejamos. O que eu quero dizer com isso? Olhe, se ficarmos a entender que nada existe, ou que há um paraíso pronto a nossa espera desde que sejamos bonzinhos, isso pode atrasar a chegada. Tinha até um mote de uma campanha de um candidato a presidente do Brasil que pode ser bem aplicado ao que, na verdade, deve ser cultivado, independente de religiões ou convicções. Ele dizia, "juntos chegaremos lá". Entendeu? Não tem essa de salvação individual. Precisamos uns dos outros para chegar aos objetivos maiores da humanidade.

Manuel - Nisso eu concordo. O que eu tenho a dizer vocês já sabem. O espiritismo é uma ciência já há muito trabalhada. Há estudiosos de todas as áreas do conhecimento humano que militam na doutrina espírita.

Rick - Há gente bem formada em todas as religiões, Manuel; isso, por si só, não é fator de credibilidade para nenhuma delas.

Manuel - É, bichão, mas a forma da origem pesa. A católica, por exemplo, o espiritismo não nega sua veracidade, mas está incompleta. A doutrina espírita surgiu como uma revelação complementar às verdades bíblicas.

Rick - Manuel, eu acho um desperdício discutir crenças. Não quero ser grosseiro com você, mas esse papo não é legal. Afinal, cara, não sei se você notou, mas já estamos do outro lado da mesa, meu velho.

Manuel - Então, estamos aqui de prosa com Djalma; e aí, preciso dizer mais alguma coisa? Não é isso é o que prega o espiritismo?

Rick - É, você está certíssimo, não precisa dizer mais nada. Se for para repetir as cartilhas que já conhecemos é melhor calar.

Djalma - Rick, dá um tempo, se ficarmos selecionando assunto, logo não teremos mais o que falar e ficaremos só naquilo que concebemos. Deixe Manuel explicar o ponto de vista dele, acho que é enriquecedor. Ademais, se pretendemos publicar esse papo, de repente algum leitor pode ter alguma dúvida que será respondida, justamente, com essas colocações, ou do que resultar do debate entre nós.

Rick - Virou seminário, foi?

Manuel - Rick, vai, deixa pra lá, deixa a conversa fluir. Não vou mais interferir no papo, só se vocês me convocarem, ok?

Rick - Tudo bem, Manuel, não se aborreça, rapaz, meu pai está certo, fique à vontade para contribuir.

Manuel - Então, eu só vou complementar. Como eu disse, estou gostando de muita coisa, só não concordo com as reduções no conceito de espírito. Reduzir o espírito a um complexo de discursos? Enxergar a vida como um amontoado de Impulsos elétricos ou afinidades químicas é minimizar demais o dom da vida dado por Deus.

Rick - Manuel, vamos retificar algumas coisas. Eu não desvalorizei nem reduzi nada. Eu apenas coloquei as coisas em seus devidos lugares. É claro que essas proposições vão desencadear muita frustração nos corações de fiéis de muitas religiões. Mas fazer o quê? Façamos o seguinte, vou fazer um resuminho. Segundo as últimas pesquisas de meu pai, a idade da terra, de acordo com medições a partir de material radioativo, gira em torno de cinco bilhões de anos. De lá para cá, já conversamos, foram formados os seres vivos, o relevo, aprimorado o clima etc etc. Cada espécie, em função das adversidades do meio, foi desenvolvendo habilidades adequadas a sua sobrevivência. A humana foi agraciada pela natureza com o polegar em forma de pinça — o que lhe permitiu manipular ferramentas — além de um cérebro diferenciado. Portanto, podemos dizer que a razão está para o ser humano, assim como o mimetismo está para o calango ou o casco para a tartaruga. O seja, é um atributo de sobrevivência, em face da concorrência com as demais espécies e da adversidade do meio.

Agora, façamos um exercício de raciocínio. Para Deus, qual seria a diferença, por exemplo, entre um suntuoso apartamento na Avenida Vieira Souto, no Rio de Janeiro, e uma singela casa de um joão-de-barro, em cima de uma árvore, no pobre sertão nordestino? Eu mesmo lhes respondo. Provavelmente nenhuma. Ambas, diante da Grande Energia, seja qual for o nome que se dê a ela, são abrigos contra as intempéries, um lugar de descanso e proteção para a procriação e nada mais do que isso.

Djalma - Rick, então, para você, a razão humana não seria um diferencial em face de Deus.

Rick - Absolutamente, não. Para a Grande Fonte da existência, tudo o que está posto tem valor equivalente; essa ideia de fazer o bem ou o mal só existe dentro de um caldo de cultura específico e diante de um objetivo comum. Da mesma forma que o bom ou o mau. Quer ver um exemplo. Para nós uma cascavel é um animal ruim, que causa medo porque pode matar uma pessoa. Quem se depara com uma víbora dessas no matagal, a primeira ideia que tem é de matá-la. Porém, é apenas um animal que desenvolveu uma bolsa de veneno para caçar. A rigor, para a natureza, ela não é boa nem má. Só para tirar uma lasquinha, eu vou fazer uma pergunta. Para vocês, o que envenena mais o planeta, a peçonha de uma jararaca ou a falta de senso da humanidade no uso dos recursos naturais em busca de conforto e suntuosidade?

Djalma - (Risos) Obviamente, o ser humano. A cobra só atinge sua presa.

Rick - Pois é. Então o que, mais provavelmente, seria tachado de "mau" por Deus, se nós entendermos ele como o criador que ama suas criaturas?

Djalma - Prefiro não responder para não entregar os companheiros.

Manuel - Rick, eu tiro meu chapéu, ouviu? Você quando fala, rapaz, tem cada argumento fulminante.

Rick - Oxe, mas eu nem terminei. Espere lá que vem mais. Ocorre que para o Infinito Uno, ou Deus, como queiram, tanto faz se os humanos envenenam ou não o planeta, o universo ou o quanto mais. A existência é tudo isso aí. Se houver uma gigantesca explosão atômica que divida o planeta em dois, tudo bem, Deus não se abalará com tamanha estupidez humana. Tudo que foi destruído será refeito, basta esperar mais alguns bilhões ou trilhões de ano, quem tem pressa?

Djalma - Mas, voltemos à razão humana. Então você diz que existir uma criatura sua que o adora e que pode pensar, para Deus não faz diferença?

Rick - Absolutamente. Até porque, em que pese essa prepotência humana de achar que há um Deus do qual é imagem e semelhança, a Grande Unidade, que engloba a tudo e a todos, não pensa nos moldes do pensar humano. Sua forma de existir e refletir sequer chega perto de qualquer parentesco com nossa capacidade de existir e criar conceitos, ainda que a englobe. Portanto, é-nos impossível ao menos imaginar se haveria algo equivalente à razão, em uma grandeza infinitamente superior, que fosse utilizado pela Infinita Unidade.

Manuel - Poxa, Rick, eu fico temeroso em levantar qualquer questão contra seus argumentos, porque eu sei que sua artilharia é pesada. Mas vai aqui uma bomba das boas.

Rick - Acenda o pavio e mande (risos).

Manuel - E o amor? Deus, entre nós, é tido como fonte infinita de amor e compaixão. Você não pode falar de Deus, ou da Sagrada Unidade, como você quiser, sem se esquecer de que ele é a fonte desses sentimentos fantásticos e que é a conta da redenção da humanidade.

Rick - Bombinha chocha, hem, primo? Vou começar por onde? Deixe-me ver. Primeiro, Deus como fonte infinita de amor e compaixão; depois, redenção da humanidade. No primeiro caso... Vamos nos esforçar. O que é o amor? Ele é exclusivo dos seres humanos? Perguntinhas capciosas, essas, não? E eu nem sei se saberei respondê-las. Vou tentar, não é?

Djalma - Teeempo. Senhores, campainha tocou, o relógio já virou o meridiano, vou dormir.

Manuel - Ok, Djalma, grande beijo em você e na sua turma.

Rick - Beijo, meu pai, boa noite, descanse bem.

30 de julho de 2013

Djalma - Olá, amigos, boa noite.

Rick - Boa Noite, meu pai. Naqueles dias, não é?

Djalma - É, convivo com dois mundos diferentes, muitas vezes, um quer engolir o outro.

Rick - Por favor, meu pai, só não desista da gente. Fico muito preocupado quando o vejo assim.

Djalma - Lembre-se, há um mundo que a gente vê, pega, olhe e ouve. Há outro que a gente pressente, pensa, capta, ou seja, é muito mais fugidio, abstrato.

Rick - Já conversamos sobre isso. Mantenha-se antenado. Quando você liga o celular e aciona o dispositivo para fazer dele um modem e compartilhar a internet com o iPad, o que ocorre? Você enxerga algo?

Djalma - Não, não é, Rick?, são apenas ondas eletromagnéticas.

Rick - Por aí você pode ter uma pálida ideia de que nem tudo que existe pode ser degustado, visto, ouvido, cheirado ou tateado, com seus cinco sentidos limitadíssimos. As ondas transmitidas enchem o recinto e são captadas em outro local por outro aparelho.

Djalma - De fato, já te falei, carinha, eu fico meio jururu, mas depois que começamos nosso papo tudo se transforma. Mas sobre o que conversávamos?

Rick - Dê uma relida no que você escreveu na última e vamos continuar. Era sobre a visão divina do mundo.

Djalma - Não seria pretensão você querer discorrer sobre a visão divina? Por que você teria esse poder e não os demais que já tentaram antes?

Rick - Eu nunca disse que os demais que já o fizeram até agora o fizeram de forma equivocada. Tem muita coisa bela escrita sobre a visão do Uno Divino, só não podemos assegurar a veracidade do que está decantado.

Mas vamos lá. Retornemos ao amor. Amor, sim, amor, mas o que é o amor? Tem a música de Jorge Vecillo " O que é o amor? Vai além da minha compreensão, para uns é chave e pra outros foi prisão".

Djalma - Lembro, "Será desapego ou possessão? Altruísmo em nós ou apenas autoadoração?", e ele diz mais, "É platônico ou será real? Sonhos de mulher ou pecado original?"

Rick - É essa, exatamente! Legal quando conclui, "Penso que só ele pode unir tudo em suas mãos, toda a dualidade em si. São tantas verdades convergindo ao seu redor. Não existe a espada sem a lira, o espinho sem a flor".

Djalma - Sim, e deixa a dúvida que tem um pouco do que você fala, "Vai além da minha compreensão. Vai além da imaginação. Para uns é dor, para muitos, luz na escuridão."

Rick - Legal, por aí você tira muita coisa. O que tem demais em torno desse decantado sentimento são dúvidas, dúvidas. Eu diria até que é uma conceito dificílimo de se conter, sempre cabe uma nuança nova em seu aspecto. Mas, sob a ótica que estamos levantando, veja o que ocorre.

Djalma - Lá vem bomba, Manuel.

Manuel - Deixa vir, deixa vir, que Rick é mestre e dos bons, eu já vi.

Djalma - Mande lá.

Rick - Além de toda a bela poesia que enreda o amor, tem muita pretensão e arrogância, muitas vezes...

Djalma - Vixe...!

Rick - É o seguinte, imaginamos que o amor é coisa exclusiva do ser humano, que os animais e plantas não amam, essas coisas tolas. Ainda mais, quando imaginamos que o amor é algo tão fantasticamente inalcançável em suas origens, depois de refletir um pouco, tudo se conforma dentro de um plano maior, justamente por ter se tornado menor.

Djalma - Sim.

Rick - Vamos às origens. Muito simples. Falávamos do cabedal de ferramentas que a natureza deu a cada espécie para sua sobrevivência e perpetuação. Garras, presas, pele grossa, agilidade, faro apurado, antenas e outras sensibilidades para captar o meio e, por fim, falamos sobre a razão humana.

Djalma - Claro, claro, lembro disso.

Rick - Pois é. Tudo isso no animal adulto. Ou seja, o animal dificilmente nasce com garras afiadas, presas enormes, agilidade, capacidade de voar, correr, não é?

Djalma - Até porque uma gestação com todos esses atributos ficaria complicada. O animal teria que nascer enorme e já equipado, o que dificultaria muito para a mamãe.

Manuel - Aliás, que já sofre muito com a gestação, mesmo da forma que é, não é?

Rick - Isso, isso. Imaginem uma mulher com um filhote de setenta quilos na barriga (risos). Bem, vamos adiante. Justamente porque nasce pequeno e ainda desprovido de alguns instrumentos de defesa que o animalzinho precisa de proteção. E adivinhem quem a dá?

Manuel - A mãe, claro.

Djalma - Já captei, nobre guru.

Rick - É isso aí.

Manuel - É, pensando assim, Rick, sob a ótica do evolucionismo, podemos garantir que uma fêmea que tivesse um filho muito grande e pesado dificilmente poderia se locomover em caso de necessidade de fuga de um predador ou mesmo para caçar.

Rick - Manuel, folgo em ouvir isso de você. Uma perspectiva evolucionista em alguém com concepções criacionistas (risos).

Djalma - Eu lhe falei sobre Manuel, ele tem uma cabeça bem trabalhada nesse aspecto. Sempre se interessou por questões relacionadas com a vida, não necessariamente com religião. Acho que para ele a religião é apenas um caminho.

Manuel - Obrigado aos dois. Vamos lá, Rick.

Rick - Deixem-me continuar. Animalzinho necessitado, tudo o mais, predadores sempre à espreita, quem sobrevive? Aqueles animais cujas mães se predispuseram a defendê-los até que pudessem se valer sozinhos. Ou seja, a mãe vai lutar por ele, seja defendendo-o ou lhe trazendo alimentos.

Djalma - Instintos, meu velho, instintos maternos.

Rick - É, de repente, você pode chamar assim. Mas esse sentimento de proteção, tenha que nome tiver, decorre da necessidade de sobrevivência da espécie. Da mesma forma, o lobo, que defende sua matilha, que caça em grupo, ou tantos outros animais gregários que se unem para sobreviver. Juntos enfrentam melhor as adversidades.

Djalma - E você quer dizer que isso "é o amoooor, que mexe em minha cabeça e deixa assim...", conforme Zezé Di Camargo e Luciano (risos)?

Rick - Não vou reclamar de sua piadinha, não, é isso aí mesmo. Essa é a origem do amor. Simples assim.

Manuel - E Deus, nessa? O amor infinito de Deus, não existe ou, para você, Deus só ama para proteger suas criaturas?

Rick - Não. Nessa dimensão o sentimento toma outro vulto. Obviamente que estaríamos falando de outros paradigmas. Algo, imagino eu, inefável, inconcebível, segundo nossos parâmetros racionais. Por exemplo, de que forma poderíamos compreender a atração gravitacional dos corpos, o eletromagnetismo, a afinidade química dos elementos etc. E eu digo compreender não o "como", mas o "quê" de cada uma dessas forças. Sabemos que, no mínimo, há bilhões de anos surgiu a Terra na órbita solar. Ela tinha a dimensão ideal; com uma força gravitacional que possibilitou a fixação de uma atmosfera adequada; uma quantidade de átomos de carbono mais do que suficiente; a uma distância conveniente do Sol, o que proporcionou a energia e os elementos na dose certa para que por aqui eclodissem determinadas formas de vida. São tantas e tantas, numa profusão de existir tão esfuziante que as espécies digladiam entre si por um nicho próprio, quando há concorrência de interesses. O Uno, sempre como substrato, como essência disso tudo.

Ou seja, apesar da alteridade dos seres, eles, na essência, são todos uma coisa só, o Uno Divino e fundamental. Daí podermos entender a força do seu amor. Ou melhor, ter uma ideia, ainda que pálida, do que ela representa. Ele não impregna tudo. Ele é tudo. Deus Uno se fez coisas, pessoas, animais para seu próprio e infinito gáudio. Mas fez tudo isso de forma indireta, a partir de suas leis/forças fundamentais. Nunca poderemos imaginar isso, com precisão, sob a ótica humana. Por mais que queiramos divisar o infinito do Uno Primordial é sempre muito pouco o que concebemos. Por isso é recomendável que tenhamos sempre uma abordagem mais liberta do que as contidas pelas amarras dos dogmas religiosos. Esses dogmas prendem o Uno Divinal em conceitos de uma divindade limitada aos nossos anseios e parâmetros. Explicarei melhor essa ideia de subdivindade.

DJALMA - Rick, espere um pouco, a bateria está acabando e eu estou sem o cabo para recarregar o iPad. Podemos deixar sua aula para amanhã. Aliás, quero acrescentar a questão dos arquétipos junguianos nessa questão da divindade. São algumas leituras que tenho feito que, entendo, devem enriquecer o tema.

RICK - Ok.

DJALMA - Manuel, e a turma, cara, como está?

MANUEL - Por perto, convoque aí.

MARIENE - Oi, Djalma. Ah, meu Deus, tenho ouvido as palestras de vocês. Riquinho, hem? Sabido que só. Ah, Djalma, tu não falaste com o frei, não foi?

DJALMA - Mariene, eu não tenho contato com ele; ademais, não sei se ele vai se ligar nesse papo da gente. Ele deve ser muito religioso, obviamente. Mas eu prometo que, quando publicarmos o livro, faço chegar um exemplar em suas mãos, se assim você ficar satisfeita, legal?

MARIENE - Está bem. E Miminha mais Carlos? Ah, Djalma, fico sempre imaginando...Olhe, Carlos Júnior, depois Manuel...E Orgali, hem, tem visto ela? Orgali, meu Deus, lembro tanto de Orgali. Ai, meu Pai! Djalma, como é que eles estão, hem?!

DJALMA - Como diria Rick, relaxe, Mariene, está tudo sob controle, aliás, sempre esteve (risos). E já que você lembrou, onde se encontra Carlos Júnior, poderíamos falar com ele.

CARLOS JÚNIOR- Diga aí, bichão, tudo em forma? Estamos aí, na parada. Legal isso aqui, viu?! Pô, reunião de família no além, já imaginou, bichão. Pô, Djalma, ouvi Tia Mariene falar de mamãe e de papai. Poxa, eu vou te dizer, a gente sente muita saudade, mas está tudo bem, estou muito feliz, viu, cara, muito feliz. Diga a eles...Quer dizer, se tu vais publicar eles vão ler, não é? Rapaz, grande abraço em você, Elvirinha, todo mundo. Rick enveredou por aqui, né? Rapaz, eu não o conhecia, que cara safo, viu?

DJALMA - Grande beijo, Carlos Júnior, em nome de todos que ainda estão por aqui. Só não posso servir de moleque de recado para a turma, senão vai ficar parecendo sessão espírita e eu não quero isso. Sabe como é, o povo encontra com você na rua e fica pedindo notícias, querendo saber como é, querendo provas, se é ou se não é... É um grande saco. Aliás eu tenho também outras pessoas com as quais tive pressentimentos felizes durante a semana. Eduardo, meu querido irmão...

Eduardo - Diga, Neto, saudades do pessoal daí. Por aqui estamos bem. Tenho presenciado as palestras. Rapaz, quando vocês começaram, engraçado como algo me puxou para cá. É como se eu tivesse acordado. Saudades dos jogos do Bahia. E meu pai, como está? Minha mãe...

Djalma - Tudo bem, todos saudáveis e felizes em seu tempo. Grande beijo, Dudu. Feliz em tê-lo nas proximidades. Grande amor nos une.

Eduardo - Valeu, Neto.

Rick - Farra boa, hoje, hem, meu pai?

Djalma - Legal, Rick, eu estava precisando conversar um pouco. Muita gente tem preconceito contra isso, mas eu tenho até sentido necessidade desses encontros, sabia?

Manuel - Djalma, eu já te falei, rapaz, não estimula a turma daí que não é coisa para todo mundo, não. Se a pessoa não estiver preparada, vai viver encucada com o mundo daqui e não vai vivenciar o que é necessário por aí. O perigo é que isso desande e em vez de felicidade traga infelicidade. Ninguém deseja isso. A gente fica infeliz quando vê alguém que gostamos deprimido por causa da gente. Compreende?

Djalma - Valeu, Manuel, vamos aguardar a próxima sessão para Rick continuar a desvendar os segredos da mente dele e outros papos legais como esse de hoje. Grande beijo na galera toda. Não vou anotar os beijos que com certeza receberei de volta senão iria ser uma enxurrada de linhas. Registro o do protagonista em nome de todos.

Rick - Beijo, meu pai, em meu nome e em nome da galera (risos).

03 de agosto de 2013

Djalma - Olá, amigos, hoje estou feliz por me pronunciar no plural.

Rick - Olá, meu pai, hoje fui eu que senti saudades da turma. Mas deixa lá, vai, que isso não leva a nada. Temos que nos refazer nessa nova e imensa modalidade.

Manuel - Djalma, e a turma ontem aí em sua casa, né?

Djalma - Legal. Senti que você estava por perto. Sua filha estava aqui. Desculpe-me, mas não vou colocar o nome de todo o pessoal na publicação, você se importa?

Manuel - Não, fique à vontade, eu compreendo.

Djalma - Você sabe, esses nossos experimentos, às vezes, não são bem recebidos. O ambiente da turma estava muito legal. Jorge, Cau, os garotos, Renata, Adriano, Felipe, Tiago...Sua filha e o namorado. Pena que sua esposa não pôde comparecer. Enfim, o ambiente estava ótimo, todos com muito bom humor, um astral fantástico, leve.

Manuel - Fiquei feliz, muito feliz. Jorge, Cau e a turma estiveram antes lá em minha casa, foi muito bom isso.

Mariene - Djalma, e eles estão morando onde, já estão aí em Salvador?

Djalma - Ainda não, Mariene, voltam para o exterior na segunda-feira. Em 2015 retornam ao Brasil e ficarão na Bahia, é o que planejam.

Eduardo - Neto, meu pai vendeu a fazenda, foi?

Djalma - Olá, Dudu, tem tempo isso, já estava muito velho para trabalhar. Vendeu para descansar um pouco. Bom, pessoal, mas vamos começar a trabalhar, não é? Rick, manda aí, velhão. Pô, cara, você me fala tanta coisa legal durante o dia e eu não tenho como anotar, muita coisa eu esqueço. Acho que vou andar com um papel e caneta daqui para frente.

Rick - Dê seus pulos, meu pai.

Djalma - Falemos da tal subdivindade.

Rick - Nada menor, nada maior, nada mágico nem esfuziante. Simplesmente um balde d'água que se tira de um infinito manancial. Mas... Espera aí, você... A gente falou, antes, sobre o amor. Não seria melhor começarmos por aí?

Djalma - Vai lá... A coisa aqui é espontânea, a gente não tem roteiro fixo, não; o papo vai rolando. Acho que fica mais legal assim. Depois a gente retorna ao balde de água.

Rick - Só não vá querer jogar um balde d'água fria em meu raciocínio, por favor (risos)!

Djalma - Siga adiante...

Rick - Olhe, deixe-me lembrar. Falávamos da fêmea e de seu filhote. O amor maternal por excelência. Vamos misturar isso aí com a razão, ou seja, o amor maternal primitivo com o ser humano já mais elaborado. Já viu, não é? Aquele amor, mais instintivo, mudou de cara. O filhote de passarinho, cão, cobra, macaco depois que sai do ninho e cresce é mais um adulto na comunidade. O filhote do humano, para os pais, continua filhote até morrer. O amor desbordou de sua função protetiva e de sobrevivência para assumir um caráter realmente afetivo. O querer bem, como conhecemos, surgiu assim.

Djalma - Não sei se surgiu ou se emergiu. Aí eu estou com Manuel, quando ele diz que você está simplificando demais o tema. Acho essa questão do amor muito complexa para a gente resolver, assim, num tapa.

Rick - Que é isso, meu pai, num tapa? Um soco na boca do estômago, desse? Olhe bem, tudo é de fato muito esquemático, uma linha principal, para se entender melhor, para ficar mais pedagógico. As coisas tomam direções maravilhosas, em todos os sentidos, graças aos céus. Veja o caso da razão humana. Se fosse para correr dentro dos padrões esperados, o ser humano teria desenvolvido garras, presas, couro grosso, agilidade e viveria nas florestas. Seria outro tipo de primata que não esse nosso conhecido. Mas, não, em vez de desenvolver atributos externos, físicos, desenvolveu a mente. O que teria levado a isso? Obviamente que conflitos e associações existentes no contexto externo levaram a essa resultante. Da mesma forma podemos entender tudo o mais. O amor, antes tão bê-a-bá, transfigurou-se nessa grandiosidade que hoje conhecemos e ainda desconhecemos.

Djalma - É, de fato, temos um ponto, uma linha reta, um plano, o espaço. A vida real não segue nada disso, viaja em outra dimensão fantástica e eu acho que é isso que a faz maravilhosa, apesar de tanto sofrimento.

Manuel- Mas, Djalma, talvez esse sofrimento seja somente porque não entendemos o todo.

Rick - Sim, olhe uma criança que a mãe tira o pirulito antes do almoço. Ela esperneia, sofre, porque não entende que a mãe faz isso para seu próprio bem.

Djalma - Mas quem deu pirulito a essa criança antes da refeição (risos)?

Rick - Lá vem...Voltemos ao amor. Com a razão, a simples necessidade de estar junto por questões utilitárias, de defesa, caça etc, acabou dando no afeto, na simpatia, na paixão...Enfim, sentimentos.

Djalma - O sentimento como filho da razão; meio estranho isso, não?

Rick - É, dito assim talvez fique meio estranho mesmo. Mas eu não disse "filho da razão", mas, "com" a razão. Veja que a razão nos permite distinguir as coisas com mais abstração. Ou seja, aprendemos a valorar, a pôr ética em nossas ações. Isso fez a diferença. Ao discernir o bem do mal, o bom do ruim, ficou mais fácil aprender a gostar e a odiar.

Djalma - Tem muita gente por aí que ama cada patife...

Rick - De fato. Dizem que quem ama o feio bonito lhe parece; nunca ouviu isso, não? Tem lá sua dose de verdade. Ou seja, aquela pessoa de comportamento desprezível tem algo que agrada a quem o ama. Vá lá explicar as coisas do amor. Daí o grande mistério desse conceito. Ele reside no íntimo indevassável de cada um. Quem consegue entender? Tem pais que detestam os filhos e vice-versa. Ouvimos falar de homicídios em família; coisas estúpidas mesmo.

Djalma - Tem razão. Tem mulher que sofre demais com o companheiro bruto e não larga o indivíduo, ninguém compreende.

Rick - Sim, mas não é por aí que eu quero seguir. Esse tipo de amor, seja o maternal, filial, fraternal, marital, enfim, que conhecemos mais no dia a dia, não está em nossas considerações. Não por falta de importância; não é isso. Eu acho que devemos perder nosso tempo com um amor maior, um amor mais sublime, que talvez muitos de nós ainda não tenhamos alcançado, o que é uma pena. Falo do amor ao outro, o renomado amor ao próximo, tão decantado pelas religiões. O amor ao próximo desconhecido. Sim, porque demonstrações de amor a quem se conhece, ou que pode vir a ser conhecido, nos faz cair num daqueles tipos prosaicos acima. A pessoa agraciada com o afago agradece e pode ficar grato pelo resto da vida; assim, você ganha mais um grande amigo para sua turminha, o que sempre o enriquece.

Não falo desse tipo. Falo do amor ao próximo desconhecido e que assim continuará, sem nenhuma possibilidade de a pessoa vir a conhecê-lo. Por exemplo, você encontra uma caixa com documentos importantíssimos, dinheiro etc. A caixa tem um endereço. Você pega o bagulho e entrega ao dono sem esperar nada em troca, nem reconhecimento. Também não faz estardalhaço quanto a isso. Sua satisfação está, tão somente, em saber que alguém ficou feliz com sua atitude. Você é médico, engenheiro, professor, vendedor e atua em sua profissão com alegria e grande solicitude, não pelos caraminguás que recebe, mas porque sabe que sua atividade proporciona uma vida melhor para as pessoas. Ou seja, o foco de sua ação, se você ama dessa forma, nunca será seu interesse pessoal, mas a felicidade do próximo, desconhecido, distante, outro.

Djalma - Bem, aí a coisa pega. Nesse sentido, como ficaria um adulto aplicado que dedicasse uma vida laboral em prol de criar sua própria família? Tipo uma "dona de casa" nos moldes antigos?

Rick - Se ela atua no sentido de criar e manter no coração da família esse tipo de sentimento, também agirá com esse amor. Filhos criados dessa forma tenderão a multiplicar essa maneira de agir mais adiante, em sua vida futura.

Manuel- Rick, gostei, bichão, muito bom mesmo. Acho que essas coisas se aprendem com uma boa convivência, estudo e muita reflexão. É fruto de um cultivo de si mesmo, a partir de bons ensinamentos. Quem ainda está encarnado pode procurar boas companhias para ter bons exemplos. Grandes espíritos também podem contribuir para a evolução dos demais.

Ocorre que a humanidade está em um estágio muito difícil. Há um emaranhado de valores e interesses personalíssimos onde muita coisa boa se perde. Há uma busca muito grande por aparência, beleza física, roupas bonitas, perfumes caríssimos que tem atropelado muito a dimensão espiritual do ser humano.   Na maior parte das vezes, a busca do mais fácil, que se compra na esquina, na internet, no shopping afasta as pessoas do caminho do aprimoramento espiritual, que demanda estudo, reflexão e uma certa dose de renúncia do próprio ego.

Djalma - Excelente, Manuel, muito boa colocação. Sei que sua conotação está um tanto kardecista, mas não foge ao que Rick falou.

Rick - Acho que acrescenta bem.

Djalma - Passo a entender que o corpo é o gérmen do espírito, como quer Rick, e que a personalidade e a individualidade desse espírito é proporcionada por um recheio de discursos. Ora, amar seria, então, adotar discursos condizentes com esse conceito. Os discursos que adoto e que proporciono são sempre o substrato de meu fazer e sentir. Há discursos que prometem uma vida aparentemente mais legal, esfuziante, de base mais egoica. Desprender-se do ego é se lançar em um horizonte discursivo muito mais amplo. Bom, dessa forma a gente não foge muito do discurso religioso, em parte.

Rick - Não, óbvio que não. As religiões têm valores positivos. Ocorre que, muitas vezes, em nomes desses valores, interesses são manipulados para se atingir outros objetivos. Deturpa-se com facilidade a boa fé do crente, porque ele está acorrentado a dogmas tidos como sagrados; está entregue à rigidez de certos discursos fundantes da religião. Os lobos, vorazes, apoderam-se desses discursos e os enrijecem ainda mais para se manter no poder, que é sempre viciante.

Djalma - Não sei, mas algo me diz que estamos saindo da conversa.

Manuel- Não, Djalma, engano seu, é por aí mesmo. Olhe, eu vejo assim, vamos pela dualidade do ser humano, pela sua luta interna, do instinto versus razão. Os tais interesses egoicos têm como origem o instinto animal, de sobrevivência e perpetuação da espécie, com base na natureza bruta. Com a razão, a coisa pode ficar diferente. A gente pode e deve compreender que a dimensão da cultura, hoje, está nos levando para um caminho sem volta. Devemos estar atentos a nossos companheiros de vida, animais, vegetais e outros seres do ambiente, sem perder de vista nossa própria atual dimensão de humanidade. Apesar de termos uma cultura muito voltada para o ego, para o indivíduo, a individualidade é um valor que deve ser, cada vez mais, refletido, dominado, trabalhado, senão vai nos levar à derrocada.

Djalma - Admiro a dimensão de vocês. Aí mortinhos da silva e preocupados com o destino da humanidade.

Rick - Meu pai, não nos decepcione com essas observações. Ora, a maior arrogância de um ser humano é achar que humanidade é só o que existe em carne e osso. Vamos conversando que você entenderá melhor. Quem, digamos assim, já morreu, depende tanto da humanidade, no sentido mais geral, quanto quem ainda se acha vivo.

Djalma - Bom, peço desculpas, não é? Só quis provocar um pouco (risos). Foi mal, reconheço. Vou me redimir. Passo a entender, então, que a educação de um jovem é muito mais importante do que parece. Sim, porque, hoje, a preocupação em educar é mais para dar uma profissão ao indivíduo, para inseri-lo na tal sociedade dos vivos. Talvez estejamos esquecendo da dimensão da vida após a morte, pois não?

Rick - É isso aí, falou tudo.

Manuel- Concordo, também.

Djalma - Esperem aí, então, estamos pleiteando o quê? Que voltemos a ensinar religião nas escolas? Retrocesso, não? Isso já foi superado há muito.

Rick - Meu pai, esqueça religião. Esse negócio de religião é questão de conforto espiritual, decorrente de costumes antigos, ritos e outros fatores, inclusive políticos, que não vêm ao caso. A educação tem que ensinar a pensar de forma crítica, aprimorar sensibilidades, o sentido de humanidade; enfim, ensinar para construirmos, em conjunto, um futuro mais livre e com uma dignidade mais universal, mais abrangente. Afinal, todos temos os mesmos direitos. O que precisamos mesmo é entender melhor o mundo, de forma mais ampla, enxergar seu trajeto, seu futuro. A partir daí, um novo padrão ético emergirá. A felicidade ganhará uma dimensão muitíssimo mais satisfatória do que a que se vende em comerciais de tevê.

Djalma - Ih, rapaz, cheguei a me arrepiar de emoção. E como vamos conseguir isso, essa façanha, assim, tão maravilhosa?

Rick - Você está surdo, broco ou o quê? O que é que estamos conversando aqui, meu pai, é esse mesmo o assunto, se liga, cara.

Djalma - Zangou, foi? Estou brincando, Rick, você já me conhece, uso da ironia para puxar por você, mas estou entendendo. Só acho que ainda tem muito caminho para caminharmos neste nosso papo, mas já estou muito satisfeito com o que conseguimos.

Manuel- É isso aí, Rick, puxe a orelha de Djalma que ele está merecendo. Olhe, bichão, a questão da educação deve melhorar por três caminhos. Primeiro, por parte dos mestres professores. Eles precisam cultivar, incessantemente, o tipo de amor altruísta que falamos acima. Em suma, para alguém ser professor tem que gostar da profissão, dada a importância que tem para a humanidade. Segundo, os governos e a sociedade têm que passar a valorizar o bom professor; falo o bom professor porque, infelizmente, temos aqueles que estão no lugar errado, por falta de outro afazer, por comodidade, quero dizer, detestam a função e não vai ser um melhor salário que vai mudar isso. Terceiro, o foco da educação tem que mudar; não se deve ensinar os jovens a serem apenas bons consumidores ou bons profissionais, como quase sempre se fez. É preciso ensinar também e principalmente a serem bons amigos, vizinhos, pais, mães, companheiros ou companheiras; enfim, a viverem em comunidade com leveza, civilidade, solidariedade e educação.

É imperativo que os jovens aprendam a usar termos como "por favor", "muito obrigado", "desculpe-me", além de desenvolver a capacidade de desprendimento dos objetivos mais aguerridos, se, de alguma forma, ameaçarem o direito alheio.

As artes e os esportes precisam ser valorizados. Todos precisam adquirir o hábito de acreditar mais nas boas instituições humanas; para isso precisam participar da constante luta pela sua manutenção e aperfeiçoamento.

Compartilhar, compartilhar sempre, com generosidade e eficiência. O outro, o próximo, se ele estiver bem, todos estaremos.

Djalma - Amigos, tomei minhas puxadinhas de orelha e vou dormir, ok? Depois falaremos sob subdivindades e outras coisas mais, beijos a todos.

Rick - Beijo, meu pai.

07 de agosto de 2013

Djalma - Olá, amigos, temo chegar o dia de ter mais amigos por aí do que por aqui.

Rick - Que houve, meu pai, está assustado?

Djalma - Não é isso, Rick, é meio que uma decepção, sabe? Tenho me frustrado muito com algumas pessoas próximas. Sei lá, deve ser paranoia minha. Tanta coisa boa no mundo para se aprender e a turma só corre para a besteirada mais fácil.

Rick - Posso falar com sinceridade?

Djalma - Fale.

Rick - A besteira é sua. O mundo nunca foi diferente do que está aí. Noutras épocas, quando tudo parecia mais sério, havia mais repressão, dor, engano e infelicidade. Algo muito diferente de hoje. Até o respeito pelos pais tinha mais de medo, temor reverencial, do que amor propriamente dito. Em suma, quando tudo parecia mais sério, era só aparência mesmo.

Manuel- Rick está com a razão, Djalma, não confundamos as coisas. Para se chegar a algo de bom dá trabalho. Entender um pouco a vida, levá-la com equilíbrio e sensatez, não é para todo mundo, não. Olhe, uma vida vivida corretamente, sem hipocrisias e enganos, facilita tudo por aqui. Rick sabe disso; não é não, Rick?

Rick - Claro! Agora, temos que admitir que, justamente, devido ao temor reverencial e à falsa moral, eu acho que uma pessoa disposta se aplicava com mais disciplina ao que pretendia; mas não era coisa de maioria, não. Eu não alcancei essa época, meu tempo foi outro, mais espontâneo.

Djalma - O que substitui o temor reverencial como motivação, hoje, é a competição que está muito acirrada. Isso, aliada ao desejo de ter, de consumir bons produtos, como base da felicidade, está levando a juventude mais aguerrida a se atirar nos estudos e a seguir procedimentos.

Rick - Pode ser, pode ser...

Manuel- Acho, também, que com o aumento do número de pessoas no mundo, as possibilidades cresceram. Quer dizer, hoje se tem de tudo e mais um pouquinho. Se ocorre que se estuda mais, porém, o que se estuda?

Djalma - O que é demandado pelo mercado, ora essa, e sobra tempo para mais alguma coisa?

Manuel- De fato, o corre-corre da vida não deixa espaço para se viver como se deveria. Como dizer às pessoas que elas têm que reservar tempo para boas leituras, estudos sobre a vida, boas palestras, reflexões sobre bons valores, práticas de solidariedade, convivência e tolerância? Chega a ser desumano, depois de um dia intenso de labuta, que ainda se exija isso do trabalhador.

Rick - Talvez, se bem soubessem, os empresários reservariam um dia da semana de trabalho para que seus funcionários praticassem um pouco dessas atividades, não acha? Quem sabe até a produtividade aumentasse.

Djalma - Claro que é desumano. A pessoa ainda tem a família para dar assistência, o que já faz como quem carrega uma cruz no calvário, depois da canseira toda do dia de trabalho. O que acontece é que quando alguém tem alguma ideia nesse sentido, a primeira providência é falar de religião. Aí, como cada qual tem a sua, ninguém se entende.

Manuel- Vocês têm muitos poréns contra a religião. Acho que é onde podemos encontrar bons valores...

Rick - Manuel, ninguém está duvidando disso. Bons valores, desde que não sejam frutos de uma hipocrisia mascarada de caridade e que sejam escolhidos de comum acordo, por todos, são sempre bem-vindos. O que você tem que lembrar é que a sacralidade de alguns dogmas das religiões e a necessidade de poder, toda vez que se reúne muita gente em torno de determinada doutrina, degeneram tudo. Os dogmas sacralizados engessarão qualquer tentativa de mudança, quando o contexto assim demandar. A sede de poder, inerente ao ser humano, logo fará despontar boas e más lideranças. Não tarda surgirem oposições ao que está dando certo e, com elas, intrigas, fofocas, que em qualquer ambiente são daninhas e podem tirar todo o brilho e motivação de uma atividade especial de aprendizagem e descoberta, como essa deveria ser.

Manuel - Então, o que você propõe?

Rick - Exposição de ideias, das grandes ideias já surgidas na humanidade. Discutir temas de interesse geral com base em pensadores diversos, deixar que cada um coloque seu ponto de vista livremente e chegue a sua conclusão. A descoberta de um caminho é muito gratificante. Mas esse caminho não quer dizer ter que encontrar um título ou etiqueta para si mesmo, melhor dizendo, "ismos" para seguir. Ou seja, catolicismo, ubandismo, capitalismo, socialismo, espiritismo e por aí afora. Entendo que quem chega a suas próprias conclusões dessa forma, ainda que depois escolha um "ismo" desses para tentar ser feliz, terá mais condições de viver melhor por aí e, principalmente, por aqui. Temos que aprender a flexibilizar o raciocínio, senão o baque quando desencarnar fica muito grande (risos).

Djalma - Acho que quem tem a cabeça muito presa pode começar tomar seus baques ainda por aqui, não acham?

Manuel - Realmente, viu, Djalma, você disse tudo, aí, viu?! Para quem não consegue preparar seu pensamento, o sofrimento começa por aí mesmo. O primeiro grande revés que tiver na vida e já vem o tombo junto.

Rick - Amar, verdadeiramente, portanto, inclui conhecer, entendo eu. Quero dizer, não ama com a pureza da alma, o verdadeiro e mais sublime amor, quem não conhece ou não tenta refletir com sabedoria sobre a vida. Lembremos que essa reflexão é fruto da razão, observe bem a relação da razão com o afeto. É uma relação de simbiose. Um vive sem o outro, mas ambos podem se completar para crescerem muito mais sublimes. Só não vão confundir sabedoria com formação acadêmica, por favor.

Djalma - Você e suas misturas de paixão e razão.

Rick - Não faça suas confusões, meu pai. Lembre-se que a exacerbação de afeto é outra coisa que desbordou da natureza, e era isso o que eu queria dizer. Alias, eu não disse antes, mas vou remendar minha fala, acho mesmo que há alguns sentimentos que não se sujeitam aos discursos. Tem coisa íntima que se sente diante de alguma situação que ainda é inexplicável, acho que todo mundo já sentiu isso e, como é inexplicável, vou mantê-la assim.

Djalma - Engrandecedora essa sua decisão.

Rick - Rapaz, não é sacanagem, não. Há forças de atração entre dois seres ou pessoas que não dependem de maiores abstrações, simplesmente acontecem e eu não sei a razão. Explico somente assim, é um sentimento que não se submete à razão. Eu só não sei de que forma isso se vincula ao amor. Às vezes uma pessoa não gosta de outra mas sente atração por ela.

Djalma - Amigos, conversa boa, mas já no fim, vou dormir.

Rick - Vou protestar. Somente hoje. Não gosto de intervir em seu repouso, mas hoje você dedicou muito pouco tempo ao projeto.

Manuel- Pô, Djalma, foi mesmo rapidinho, hoje, hem?

Djalma - Contingências da vida, companheiros, vocês devem recordar como são essas coisas, pois não?

Rick - legal, amanhã você compensa, fechado?

Djalma - Ok, grande beijo nos dois.

Rick —Beijos e bons sonhos.

11 de agosto de 2013

Djalma - Olá, pessoal?

Rick - Olá, meu pai, aliás, registre aí, feliz dias dos pais!

Djalma - Obrigado, registro feito.

Rick - Meio atrasado, não? Nossa sessão ficou para ser complementada e você não apareceu.

Djalma - Sei que você está brincando. Não foi possível e você pôde ver.

Rick - Ver, ver, mesmo, não vi não (risos), mas pude acompanhar.

Djalma - Você acompanhou o que ocorreu com sua mãe na sexta-feira?

Rick - O quê, exatamente? A tevê aqui está fora do ar e estamos sem internet (risos).

Djalma — Tirou o dia hoje para gozações, foi?

Rick - Não. Diga aí, vai, o que foi que houve? Lembro-me de ter acompanhado você comentando com ela o negócio do carro, mas não entendi bem a lógica...

Djalma - Eu perguntei só porque eu não sei exatamente o que você pode acompanhar e o que não pode.

Rick - Vai, repete, faz um resuminho. É que eu não me interessei muito.

Djalma - Na sexta-feira, sua mãe foi levar sua tia Renata na casa dela, lá no Imbuí. Passavam das onze horas da noite. No caminho, um veículo cabine dupla começou a segui-la. Encostou bem próximo da traseira do carro. Ela viajava com aproximadamente 60 km/h. Eles emparelharam. Assustada, ela freou. O carro atravessou na frente do dela. Ela engatou a ré e rapidamente retornou. A sorte é que a pista estava vazia devido ao horário; pois o local era de mão única. Depois que ela deu ré, como vinham dois carros mais atrás, os estranhos prosseguiram. Bem mais adiante, diminuíram a velocidade como se estivessem a esperá-la. Ela continuou parada. Quando sumiram no horizonte, ela tomou outro rumo e se foi.

Rick - Faço ideia do susto.

Djalma - Pois é. Naquele dia, conversamos, eu e ela, quase a noite toda sobre isso. Especulávamos. Teria sido um assalto? Um atentado? Ficamos a imaginar se o que aconteceu com você teria sido algo parecido. O carro teria se aproximado e você partiu; na tentativa de se evadir houve o acidente. Foi isso?

Rick - Meu pai, se você quer enriquecer a escrita com essa aventura que ocorreu com minha mãe, tudo bem. Agora, deixe esse negócio do acidente fora. Você sabe, já conversamos bastante sobre o caso. Não tem porque ficarmos remoendo esse assunto.

Djalma - Rick, ela e eu conversamos também sobre isso. Sei que você acha irrelevante o acidente, ou seja, o fato de como ocorreu, por que ocorreu etc. Mas acontece é que ainda sentimos como gente encarnada; ainda estamos nesta fase "larval". A preocupação não é sobre de quem foi ou não foi a culpa, mas, sim, se o motivo das duas ocorrências não teria sido vingança por parte do nosso antigo vizinho ou, até mesmo, atentado, devido as minhas atividades de trabalho.

Rick - Você não está viajando um pouco demais, não? Está parecendo um conto policial de Agatha Christie...

Djalma - Vá, Riquinho, deixa pra lá, vai. Só contei tudo isso para você saber por que eu voltei abordar o assunto. Não é uma questão de encontrar culpados para ter uma vingança infrutífera e boba. A preocupação não é pelo que aconteceu em nossa família, que não tem retorno; é pelo que possa vir a acontecer. Quem sabe? Se pudermos evitar, melhor.

Rick - De fato, meu pai, mas sinto não poder ajudá-los. Fico constrangido só em imaginar que qualquer coisa que eu venha a dizer possa reforçar essa ou aquela tese e aumentar alguma suspeita, sei lá, sobre algum inocente. Portanto, como eu já falei, prefiro não me manifestar.

Djalma - Sábia decisão, jovem, afinal, como dizia um velho vaqueiro de meu pai diante de um alerta sobre uma atividade com perigo de morte, "só se morre uma vez, não há o que temer". Mas o medo aqui não é da morte, é da saudade miserável. Essa estrada longa, que começa e não tem mais fim, como canta Almir Sater.

Rick - Compreendo, meu pai. Sua situação é privilegiada, conversamos numa boa. Já minha mãe, Lipe, Gó e os amigos sei que sofrem mais. De alguma forma, também sofro. Não me pergunte por que digo "de alguma forma", quando chegar sua hora você vai entender.

Djalma - Legal, Riquinho, suas palavras são sempre muito sábias. Feliz do pai que tem um filho de sua estatura.

Rick - Menos, meu pai, menos.

Djalma - E Manuel, não deu um pitaco na história?

Rick - Hoje ele está concentrado na turma dele. Dia dos pais, você sabe.

Djalma - Pensei que independia. Ou seja, aí existe essa pessoalidade do eu aqui e eu ali?

Rick - A rigor, não. Mas tem muito pouco tempo que mudamos de situação. Além disso, essas conversas nos têm mantido ainda meio que presos no modelito antigo (risos).

Djalma - Que tal voltarmos a abstrações mais etéreas? Esse papo está meio pesado, não?

Rick - Quem trouxe a carga foi você. Mas, diga lá.

Djalma - Hoje recebi uma mensagem de Cleomir, um grande amigo, antigo colega de trabalho, já aposentado. Não sei se você se recorda dele.

Rick - Lembro, lembro sim.

Djalma - Foi o que mais me impressionou em um dia tão rico de mensagens fantásticas. Veja o que ele me enviou: "Bom dia, amigo, enquanto eu estive aí no Porto de Aratu, você se preocupava comigo como um amigo, mas com uma pitadinha de pai; bom todos os dias, saúde e paz, de Cleomir".

Rick - Legal, meu pai, ele não mente, você é merecedor dessas palavras.

Djalma - Obrigado, Riquinho, muito obrigado.

Rick - E você respondeu o que a ele?

Djalma - E devia responder o quê? "Olá, Cleomir, Quanto tempo? Grande abraço para você também. Grandes amigos são sempre um pouco de um bom pai um para o outro. Felicidades."

Rick - Muito legal, meu pai, muito emocionante mesmo.

Djalma - Outra coisa, hoje, foi fantástica para mim. Vinha eu pegar a estrada, preocupado, em vista o que aconteceu com sua mãe na sexta-feira. Parei no semáforo com a janela aberta, porque o ar-condicionado está quebrado. De repente, uma velha senhora, com trajes humildes, aproximou-se, com muita simpatia e leveza, deu-me um jornal da Igreja Universal e disse: "senhor, que Deus ilumine para que os empresários decidam pelo melhor". Eu agradeci e respondi com amabilidade. Porém, o que mais me impressionou não foi o jornal ou o que ela disse sobre empresários. Talvez fizesse referência a alguma matéria do periódico, que não li. O que me deixou abismado foi a sensação do momento. Ela me dava algo graciosamente, já que não pediu nenhum dinheiro em troca. Hoje, dia dos pais. Eu me virei para ela, mas não conseguia vê-la perfeitamente. Ela estava entre mim e o sol escaldante das quinze horas. Dessa forma, naquele instante, por um segundo, seu semblante apareceu circundado por uma grande aura de luz. Foi surpreendente! Não se demorou muito a meu lado, logo seguiu para os demais veículos que estavam atrás. Eu olhei pelo retrovisor para tentar entender aquela visão e aquele sentimento. Ali estava apenas uma velha senhora distribuindo jornais de sua religião.

Rick - (Risos) Isso é relevante, meu pai. Um grande texto nem sempre se encontra nas letras escritas nas páginas do livro, mas no que desperta na cabeça de um grande leitor. Eu e Manuel já lhe dissemos que é muito fácil a comunicação com você. Isso é mesmo um talento. Cada qual tem o seu.

Djalma - O que vocês têm a ver com essa ocorrência?

Rick - Nós? Nada. Por que teríamos? Não precisamos enviar mensagens cifradas, conversamos sempre, numa boa. Se alguém te mandou alguma mensagem, não fui eu. Quem sabe, alguém distante quisesse te enviar flores no dia dos pais e essa foi a forma encontrada (risos).

Djalma - Sei...É...Talvez...Riquinho, peço-lhes desculpas, mas vou dormir. Cada vez que conversamos, mais me admiro, enriqueço-me, surpreendo-me. Ah, como me recordo daquele dia do sermão. "Riquinho, almeje um objetivo e siga caminho, atravesse rios, lagos, florestas, para colher a fruta de seu querer". E aí você, sempre surpreendendo, sempre ousando, foi além, depois daquele rio...

Rick - Sim, você já falou isso. Segundo você, eu só não precisava ter escolhido o rio Aqueronte para atravessar. Você acha que eu exagerei...Mas era do lado de cá que estava o pomar da fruta a ser colhida, ora pois.

Djalma - Com tantos objetivos que temos a alcançar, escolher um depois do Aqueronte?

Rick - Ô, meu filho, fazer o quê (risos)? Nem todo mundo tem um Amazonas para atravessar e, afinal, alguém ia ter que fazer isso. Grande beijo, meu pai. Para mim seu dia também foi muito legal.

Djalma - Beijão, Riquinho.

15 de agosto de 2013

Djalma - Olá, Rick

Rick - Oi.

Djalma - Olhe, acho que vou começar os preparativos para publicar o livro.

Rick - Fique à vontade. Você é quem diz os momentos, nosso papel é apenas participativo.

Djalma - O de poemas já está bem adiantado. Falta completar minha revisão e concluir a editoração. Tem um assunto que eu queria abordar com você...Cara, é sempre assim, nos lugares mais inusitados me vem as melhores questões, chego até a comentar sua opinião, não anoto, deixo para escrever durante a sessão e, muitas vezes, me esqueço de algo.

Rick - É a idade (risos).

Djalma - Talvez seja...Mas, o assunto é a questão da finalidade da vida. Hoje, uma pessoa postou numa rede social algo a respeito. Trechos de algum pensador que não admitia que a vida não tivesse alguma finalidade.

Rick - complicado, viu? É um daqueles problemas que têm muito mais especulações do que solução. Aliás, eu não diria ser isso um problema. Um tema curioso, talvez, nada mais do que isso.

Djalma - Bom, quem sabe, muita gente se interesse para saber da finalidade da vida, para se aplicar melhor nesse sentido, não é?

Manuel- Djalma, eu tenho uma posição sobre isso.

Djalma - Olá, Manuel, satisfação tê-lo na conversa, novamente.

Manuel - Para mim, também. Olhe, quanto à questão da finalidade da vida, acho um tema muito importante. Principalmente no que diz respeito à questão ética. Deus nos dá a vida para que a aproveitemos da melhor forma. Para isso temos o livre arbítrio. Encarnamos e desencarnamos com esse objetivo. Entendo que quanto mais reencarnamos e trabalhamos em prol do bem comum, mais evoluímos. Espíritos muito evoluídos já não têm mais a necessidade de reencarnar. Obviamente que nada impede que reencarnem por puro desejo de bem servir. A história está cheia de exemplos assim.

Rick - Espera aí, Manuel, o que você colocou aí não me parece muito condizente com a ideia de finalidade. Então, para você, a finalidade é evoluir?

Manuel - Deus nos criou para Seu engrandecimento e glória. Ele é o Bem Supremo. Nossa labuta deve ser no sentido de vivenciar esse mistério e contribuir com o engrandecimento da obra divina, que é para nossa felicidade. As várias vidas a que estamos sujeitos é para que tenhamos mais oportunidades de crescimento, e, assim, possamos gozar das maravilhas que o Senhor nos reservou.

Rick - Não tenho dúvida quanto a isso. O que varia entre as religiões são as exigências e atributos divinos sob a ótica de cada uma. Quero dizer, as prescrições normativas, a forma de enxergar esse caminho evolutivo, o que significa fazer o bem e o mal e quem seria Deus, atributos, desejos, exigências etc etc. Ah, e tem a figura antropomorfizada do demônio que algumas pregam, para bem definir os dogmas negativos que sua doutrina repudia.

Djalma - Pensei que nessa dimensão aí vocês estivessem mais acordes. Vejo que ainda tem muito de opinião.

Manuel - Bem, eu não sei de onde você tirou isso. Entendo que alguns pontos são indiscutíveis, haja vista que já foram comprovados empiricamente pelo espiritismo Kardecista.

Djalma - Manuel, respeito sua colocação, mas há muito saber por aqui, como você sabe, que pelo fato de ser ciência não quer dizer que é um conhecimento indiscutível.

Rick - Ei, já conversamos sobre isso. Você fez alguns destaques até sobre o que seria ciência. As bases da física newtoniana ou da geometria euclidiana, por exemplo, não são universalmente aplicáveis, como foi imaginado no passado, não é isso?

Djalma - Certamente, Rick.

Rick - Voltando à vaca fria. Essa questão da finalidade da vida deve ser vista de uma forma menos, digamos, "caliente". Se for vista assim, vocês verão que há espaço para todos os pontos de vista, enfim, todos os gostos.

Djalma - Ô Rick, não complica, cara. "Caliente"? Dá um tempo, rapaz. Facilita aí para ficar uma leitura mais agradável. Use gírias nacionais, pelo menos. Dessa forma você vai complicar nossa evolução (risos).

Rick - Bobagem, só quero dizer que o assunto tem que ser visto fora da ótica romântica, sem arroubos de paixão.

Djalma - Diga aí como é.

Rick - Simples. Voltemos á natureza. Vamos ao reino animal. Melhor ainda, vamos ao cinema. Não, não estou querendo dizer que o cinema é melhor do que a natureza, a inigualável natureza, fonte de inspiração de toda a arte humana.

Djalma - Foi buscar longe, hem?!

Rick - Não atrapalha, meu pai, que a gente perde o pique do raciocínio. Mentalizem aí o filme *O rei leão*, lembram? Pois é, quem assistiu viu na tela algo muito romântico. O rei, poderoso, exercendo o que para o espectador parecia justo, a majestade. Ele trouxe o filho para a beira do abismo para lhe mostrar o deslimite de suas posses. "Tudo isso um dia será seu, até onde você não vê", diz ele.

Djalma - Emocionante...

Rick - A carga ideológica que tem naquele filme é fantástica. O dono de tudo. Mas, quem deu a ele? É uma propriedade divina, dada por Deus? Não, foi-lhe dada pela força. O leão é colocado e venerado como rei devido à superioridade de seus atributos como predador. Os outros animais têm direitos secundários. As hienas, coitadas, por serem também carnívoras, ou seja, concorrentes dos "donos" do reino, são marginalizadas, proscritas. Os herbívoros, a grande massa, que supre o reino de carne, são estúpidos. Só Timão e Pimba escapam da estupidez. Não são estúpidos, mas são insossos. Alegres, brincalhões, espertos, mas inofensivos ao sistema leonino. Comem besouros e outras porcarias que não interessam aos poderosos.

Djalma - Taí, eu não conhecia essa sua veia de crítico de cinema...

Manuel - Isso é verdade, viu, Rick, concordo com você. Rapaz, esse cara, viu...? Tiro meu chapéu. Mas diz aí, rapaz, o assunto não era a finalidade da vida? Você não viajou um pouco, não?

Djalma - Não, eu acho que ele divagou para ilustrar, mas vai retornar ao caminho.

Rick - Sim, óbvio. O que eu quero é mostrar o seguinte. Quem é que diz o que é bom o ruim naquele reino, as hienas ou os leões?

Djalma - Claro que são os leões, o que está bom para eles está bom para o mundo.

Rick - Se os leões passassem a acreditar em alguma divindade leonina, essa religião iria ter critérios de bondade e maldade diferentes dos interesses dos leões? Pregariam "verdades" para favorecer os animais concorrentes?

Manuel - Rick, acho que as hienas poderiam erguer seus templos em outros locais.

Rick - Se as hienas tivessem seus próprios deuses e se seus sacerdotes passassem a pregar que elas deveriam ter os mesmos direitos dos leões, quer dizer, se eles passassem a plantar nos corações de seus fiéis a esperança de dias melhores a partir dessa igualdade, independente de quem detivesse mais poder, vocês acham que os leões gostariam?

Djalma - Pelo que se vê no filme, claro que não. Provavelmente mandariam destruir os templos das hienas, proscrever os deuses como verdadeiros demônios e assim seguiriam.

Rick - Claro, exatamente! Se bem pensado, um deus verdadeiro e único, que fosse deus das hienas, de Timão, Pumba, Leões, papagaios e periquitos não poderia tomar partido em nenhum dos sistemas éticos vigentes. Claro que os diversos sistemas conflitariam em alguns pontos, devido aos choques de interesses. E aí, como decidir? O leão, com fome, quer comer o filhinho mais novo da gazela. A gazela pula, "meu filho mesmo não, vá comer o filho de dona ovelha". A ovelha, "o meu?! O meu é que não..." E assim por diante. Como Deus resolveria essa parada? "Tome aqui, meu filho Leo, tome esse vale-refeição e vá ali no Mac Zona comer um sanduba e não se fala mais nesse assunto, pronto. Próximo reclamante!"

Djalma - Divino, Rick, bem bolada a parábola.

Manuel - Sou suspeito para falar. Sou fã de Rick. Mande bala, bichão, conclua seu pensamento.

Rick - Bem, o que eu quero dizer é que Deus é, por princípio, amoral.

Manuel - Espera aí, Rick, acabei de te elogiar e você me vem com essa, bichão, espera lá...!

Rick - Ô, Manuel, qual é o espanto? Amoral não quer dizer imoral, são duas coisas diferentes. O imoral vai contra a moral posta, portanto, ele também tem um sistema ético, só que conflitante com o que está posto. O amoral não se posiciona nem a favor nem contra, muito pelo contrário. Portanto, Deus está acima de qualquer ética posta.

Manuel - Bom, aí você quer complicar, não é, Rick? Você fala de moral e de ética, qual a diferença entre elas?

Rick - A ética, vejo como o conjunto de normas que você aceita para reger seu comportamento. É a partir dessa ética que você vai poder aferir se você teve uma atitude moral ou não. Melhor dizendo, a ética é prescritiva, a moral é prática. Ou melhor, a ética é o padrão, a moral a ação. Deus não se sujeita a esse tipo de coisa até devido a seus atributos de onisciência, onipotência e onipresença. Assim, se o leão se impõe e a hiena se submete, para Ele é indiferente. As leis da natureza estão postas. Para a natureza, manda quem pode, obedece quem não tem poder. É a lei das selvas, como você bem sabe.

Manuel - Você está deturpando um pouco a visão divina. Talvez por desconhecimento. Mas tem um pouco de petulância, aí. Cuidado, Rick, vá mais devagar com esse assunto.

Rick - Manuel, despregue-se e ande, meu amigo. O leão precisa comer, que mal há nisso? O filho da gazela vai sobrar, que mal há nisso? Faz parte da cadeia alimentar. Agora, o leão fica esperto e aprende a caçar com ferramentas. Com isso, arma uma rede no mato e pega gazelas a três por dois. Vem gazelão, gazelas grávidas, velhos etc. Mas ele só aprecia carnes jovens. Jogas as demais fora. Em pouco tempo, as gazelas somem da região. Ele começa a passar fome. Foi castigo divino?

Djalma - É como você bem lembrou, Rick, sob certo ponto de vista não deixa de ser castigo, não é? Só que o sistema divino não caminha no mesmo padrão que conhecemos. Exagerou na dose, não respeitou a natureza, desperdiçou a vida alheia, pagou.

Rick - Está aprendendo rápido, meu pai. Nesse exemplo, veja que o leão usou um atributo novo que foi a criatividade. Ele raciocinou e montou um esquema para além de seus atributos físicos. Passou a capturar mais alimento do que necessitava, a valorar os sabores como bom e ruim e a desperdiçar. Teve o troco. Deus não disse se o que ele fez estava bom ou ruim. As leis estavam postas desde sempre. Se o leão insistisse com a prática daninha e passasse a fazer o mesmo com outros animais, também fontes de alimento, sua espécie poderia desaparecer.

MANUEL - E então, você acha que isso poderia ser bom aos olhos de Deus?

RICK - (Risos) Veja aí, Manuel, que quem está sendo petulante é você. Quem somos nós para saber o que é bom ou ruim aos olhos de Deus? Analise bem o que acontece na natureza. Um meteorito enorme cai na terra e dizima toda forma de vida, isso é bom ou ruim?

MANUEL - Se isso acontecesse sempre, nem haveria forma, quanto mais vida. Deus protege suas criaturas.

RICK - Não vejo assim. A ocorrência citada é raríssima, essa raridade é que permite a vida na Terra. Ou seja, a Terra tem seus mecanismos de proteção entre eles está o acaso e a atmosfera, que absorve a maioria dos meteoros que nos chega em rota de colisão. Nada impede que amanhã tenhamos notícia de que cairá um gigantesco daqui a mais alguns anos.

DJALMA - Rick, legal. Leão, gazelas, patos, marrecos, meteoros fulminantes e nada conclusivo até então.

RICK — OK, OK, vou puxar o trem. Forças que não conhecemos se movimentaram no universo. Puxa daqui, puxa dali, choques, entrechoques, atrações, associações, aquecimentos, esfriamentos e outras coisitas mais e a resultante do balacobaco somos nós e o mundo que nos cerca. Repare que eu não disse que somos a resultante final, somos a resultante do momento. Isso porque o universo não para. Tudo se transforma a cada segundo. Novos embates, novas forças...

DJALMA - Lei das selvas?

MANUEL - É o que está parecendo. Mas deixe ele se explicar. Agora, com Rick, eu só falo quando ele chega ao fim, senão a gente se atola.

RICK - Relaxem, garotos. Primeira conclusão. Nós somos apenas mais uma resultante do momento. Vejamos, se o leão come e desperdiça tudo, ao ponto de não lhe sobrar mais alimento, em face do que sempre ocorreu no universo, qual é a leitura?

DJALMA - Vamos recordar Cazuza: "O mundo não para..."

RICK - Sim, isso eu já falei, quero coisas novas.

MANUEL - Se o mundo não para, seguirá adiante, o que é obvio.

RICK - Sim, seguirá adiante, sem leões, sem gazelas. A força "leão" foi mais poderosa, dizimou a força "gazela" e, por isso, se autoextinguiu. À falta de gazelas e leões, o ecossistema se reorganizará e porá outros agentes no lugar, até que tudo se "equilibre" novamente. É um mundo com nova configuração que surge. A vida, de fato, não para.

Djalma - Boa, Rick. A finalidade da vida, então, fica como?

Rick - Bem lembrado, meu pai, afinal, era o que tentávamos responder. E eu já lhe respondo. Eu não sei.

Manuel - Mas, Rick, não me decepcione, eu estava pegando o fio da meada, rapaz, já estava seguindo sua trilha, querendo concordar com você em alguns pontos e você larga a ponta da corda, assim, de vez! Ah, não; vá adiante. Eu sei que você tem mais para mostrar, vai!

Rick - (Risos) Está virando novela, tem até plateia acompanhando (risos). Olhe, eu disse que não sei, mas a resposta mais correta seria, não tem finalidade. Pelo menos algo expressamente definido como tal. Somos apenas as forças resultantes do momento e, se pisarmos na bola, perderemos o momento. Dos olhos de Deus, ou nome equivalente, uma lágrima não cairá. Tudo sempre continua, sob outro pálio, com outras formas de vida e, talvez, no futuro, nova espécie racional.

Manuel - Todo o trabalho divino, anos e anos de criação...

Rick - Essa tua visão, Manuel, eu já falei, é antropocêntrica. Ou seja, decorre da arrogância humana com sua orgulhosa consciência. Djalma Vasconcellos Grandson, por exemplo, é uma mera personagem da cultura do momento. Para o leão, para a Lua, para as estrelas ele não passa de mais uma forma de vida, independente da pessoa maravilhosa que ele é para nós.

Djalma - Obrigado, Rick.

Manuel - Djalma, faço minhas as palavras de Rick.

Djalma - Obrigado também a você Manuel. Retribuo os elogios em dobro, parceiros. Mas não fiquem cheios, para a Lua não somos bosta de nada, segundo Rick.

Rick - Isso. E em assim sendo, qual seria a finalidade da vida?

Manuel - Você que se propôs a responder, agora pergunta? Para mim é amar e ser feliz, o amor não necessita de justificativas nem explicações. Apenas acontece.

Djalma - Fique amando demais, comece a gostar, gostar e não cuide de se proteger. Aí, o que vai acontecer? Vem um trambolho de lá e te atropela. Lá se vai o amor. E o que fica?! Lamento rapazes, mas o que fica é a dor da perda, a saudade.

Rick - Completou bem, meu pai. Para as grandes forças, a dor é apenas mais uma força do universo. Não uma força primordial, mas uma secundária, que pode movimentar outras forças, conflitar com outras tantas, enfim, trazer novas resultantes ao cenário do ser.

Manuel - Grande sacada, Rick! O amor, a dor, enfim, os sentimentos como forças mobilizadoras, entre tantas outras, e nós como um complexo de inumeráveis forças sob tensão, cooperação e em equilíbrio momentâneo. Quero dizer, em equilíbrio mas não necessariamente paradas. Digamos, então, que essas resultantes estejam em equilíbrio quando obtêm um sentido mais uniforme, rotineiro e menos disperso para as novas resultantes que sua atuação provoca. É essa rotina de forças que faz com que seres do mesmo tipo sejam gerados quando tais e tais forças entram em ação. Exemplo simples é o gelo. Atuando a força do calor ele derrete. Isso ocorre sempre do mesmo jeito, se nas mesmas condições ambientais, ou seja, se presente o mesmo complexo de forças do ambiente. Outro exemplo bem ilustrativo é o seguinte. Atuando o complexo de forças que é um gameta masculino, sobre outro complexo de forças que é o gameta feminino, uma nova vida pode ser gerada, sempre que o contexto de forças externas estiverem favoráveis.

Rick - Mandou bem na tensão e no equilíbrio, Manuel; olhe, agora sou eu que estou me surpreendendo com sua libertação, viu? Resolveu sair do armário foi (risos). Concordo com sua complementação e ressalto, no que você colocou, que não só nós como tudo o mais que existe tem essa natureza. E não devemos fazer juízo de valor quanto a isso. Por exemplo, a dor é boa ou ruim? A inveja, a desídia, o orgulho, a caridade, o perdão, a vingança, todos esses sentimentos são algumas das forças motivadoras do mundo humano. Não interessa se "A" ou "B" vai achá-las boa ou ruim. Elas são forças e pronto.

Djalma - Deixe-me complementá-lo. A uma primeira vista poderíamos tachar a dor de ruim. Mas, a rigor, ela é um alarme. Do ponto de vista fisiológico, a dor serve para nos dizer que alguma coisa está errada conosco. Sob essa ótica, a dor é uma coisa muito útil e, podemos dizer, boa.

Rick - Sim. Ser bom ou ruim depende de um parâmetro de comparação e do contexto. Agora, antes de mais nada, esses valores são humanos, demasiadamente humanos. Por exemplo, uma pessoa resolve pedir demissão do emprego e investir o dinheiro em um pequeno negócio. Leva adiante o que foi planejado e se dá bem. O colega de trabalho vê o sucesso financeiro do outro e fica se mordendo de inveja. Meses depois, desconfortável com tanta inveja, resolve fazer o mesmo e também melhora suas finanças. Nesse caso, a inveja foi boa, trouxe benefícios para ele, sua família e para a sociedade, já que a iniciativa gerou mais empregos.

Vejamos outro caso. O primeiro cara largou o emprego, pegou a grana e, quando saiu do banco, foi assaltado e morto. A inveja e a desonestidade do bandido atingiram o direito do outro. A resultante das forças da ganância, da inveja e da violência, para esse caso, sob a ótica da sociedade constituída, são daninhas, ou seja, ruins. Assim, o parâmetro usado aí pode ser o da inveja como um sentimento reprovável se, combinada com outras forças, levar indivíduo a investir contra outra pessoa de forma a prejudicá-la. A inveja, por si só, sem outra atitude, só incomoda quem sente.

Djalma - O parâmetro seria então um modelo aceitável por todos, ou, pelo menos, pela maioria; ou seja, um indivíduo que trabalhe e não fique a olhar e desejar o que não lhe pertence, que não se incomode de forma daninha com o sucesso alheio, seria o padrão do bom. Quem ou o que fugir do padrão é ruim.

Rick - É mais ou menos por aí. Mas eu não quero me delongar muito nesse tema. O que eu pretendo é, apenas, dizer que Deus, ou que outro nome Ele tenha em função da religião ou crença, não se envolve diretamente com o estabelecimento desse padrão de comparação. Isso é uma conclusão do ser vivo em função da observação quanto às resultantes das diversas forças. Aliás, a observação também é uma força, a conclusão, também. Assim, se um complexo de forças confluírem em determinado sentido, isso é bom; se for no sentido contrário, pode não ser bom. Mas quem vai dizer qual sentido é bom ou não, Deus?

Djalma - Rick, está ficando uma filosofia meio complexa isso aí, viu?

Manuel - Esse, Rick, sempre me surpreendendo. Rapaz, o pior, ou melhor, ainda não sei, é que parece que eu estou entrando na dele, viu?

Rick - (Risos) Calma, amigos, não tem nada de complexo. E, Manuel, seja bem-vindo ao "livre pensar é só pensar", como queria Millor Fernandes. Desde as forças fundamentais que novas forças e complexos de forças vão se formando, como derivação do embate ou união das anteriores. As forças fundamentais trouxeram o tom e a magia para a atração. Para mim essa é a grande força do universo, a força da atração. Muita coisa depende dela. Acho que a própria vida. A atração convive em simbiose com a afinidade, que é a força que permite a composição. As necessidades, os apetites, por exemplo decorreram da necessidade do afim. Eu arriscaria dizer que essa é a força primordial que gerou o que conhecemos hoje por amor. Falo da atração dos corpos e da afinidade dos elementos.

Djalma - Gostei, Rick, estou acompanhando seu raciocínio. Mas a definição do sentido...

Rick - Sim, a definição dos sentidos das forças vem também daí. Veja que de um complexo de forças vem outro. As resultantes vão se formando em feixes de forças cada vez mais complexas e bem direcionadas. As afinidades idem. Se imaginarmos que originalmente a afinidade encontrava lugar entre elementos químicos e que hoje reside na mente de seres de formação altamente rebuscada, podemos entender melhor isso. Inicialmente era apenas um carbono em busca do hidrogênio. Depois, mais carbonos, mais hidrogênios e outros elementos até chegarem às moléculas de proteína. Dessas para os primeiros seres vivos, monocelulares; depois, lentamente, surgiram os seres mais complexos. Sempre e sempre, todos eles atraídos e atraindo, em busca da sobrevivência e perpetuação de sua forma. Veja bem onde chegamos e como podemos voltar às origens a partir de cada indivíduo e, de certa forma, do que prega cada uma das crenças. Lembram que eu falei que todas as religiões estavam corretas sob determinado ponto de vista?

Djalma - Sim.

Rick - Qualquer deus, ou energia cósmica, ou entidade que se creia pode estar envolvido com a dinâmica das forças, seja criando-as, direcionado-as, integrando-as, enfim, interagindo de qualquer maneira. Só vai depender da leitura e do nome que cada fiel quer dar aos fenômenos. Nem Aristóteles escapa dessa. Afinal, o que seria seu primeiro motor imóvel se não a origem das forças? E Platão com seu mundo das imagens, nada mais seria do que a apreciação das forças em um nível mais distante. Melhor dizendo, é como no cair do raio, quando não enxergamos a energia que sobe do chão, mas a claridade que nos traz a impressão equivocada de que ele desce ao solo.

Djalma - Como ficaria o paraíso cristão, a reencarnação ou as outras formas "pós-vida" das diversas crenças?

Rick - Meu pai, isso é tão simples que chega a ser ridículo. O paraíso...

Djalma - Espera aí, espera aí. Antes de você se esparramar nesse tema, esclareça-me um assunto que deixamos para trás. A tal da subdivindade.

Rick - Ah, vamos à subdivindade. Acho que depois dessa conversa sobre as forças, ficou até mais fácil explicar isso.

Djalma - Carinha, mil desculpas por te interromper novamente. Mas...Vejo agora...O adiantado da hora me chama, o corpo velho reclama e já não posso ficar. Dá até uma musiquinha, não? Grande beijo nos dois.

Rick - Beijos, meu pai, bons sonhos.

19 de agosto de 2013

Djalma - Olá turma, vamos abrir nossos trabalhos?

Rick - Vamos lá.

Djalma - Olhe, só para deixar o registro, o livro já está bem adiantado.

RICK - Bom, sei.

DJALMA - Não falo deste aqui, não; é o de poemas.

RICK - Eu sei, eu sei.

DJALMA - Bom, falo só para deixar um registro escrito. Sei que você, obviamente, já sabe. Mas vamos prosseguir. Onde paramos?

RICK - Você havia encasquetado com a subdivindade...

DJALMA - Sim, diga aí.

RICK - Olhe, é bom que eu faça aqui uma ressalva. Eu chamo de subdivindade para melhor posicionar a ideia em face do manancial maior. A intenção aqui não é diminuir a crença de ninguém. Eu até diria mais, se bem entendido, deve até fortalecer a fé de cada um na religião adotada.

DJALMA - Deixe de encheção de linguiça e siga adiante.

RICK - Falávamos, se bem me recordo, de uma energia primordial maior, do Uno, da Vontade, para alguns, enfim, do Deus todo poderoso. Coloco dessa forma, para evitar tomar partido dessa ou daquela religião. O importante aí é entender o deslimite dessa energia. Chega a tal ponto que sequer eu posso dizer a sua dimensão, porque ela supera a ideia de dimensão. Indo mais adiante, ela supera qualquer tentativa de delimitação conceitual. Portanto, quem seria eu para comentar sobre isso. Em sendo assim, como posso entender a figura divina como um indivíduo idoso, macho, branco, de barbas longas, pendurado nos céus a ouvir súplicas, a determinar que se faça isso ou aquilo, apreciando a própria obra, cansando e descansando. Ora, tudo isso são limites inconcebíveis na Energia Primordial. Da mesma forma, essa Energia não pode ser, e não é, uma entidade com sentimentos humanos ou formas animais. Chamamos de energia pela necessidade de nominá-la para a ela podermos fazer referência. Mas sequer a algum tipo de energia ela pode ser comparada sem sofrer limitações.

DJALMA - Complicado, não?

RICK - Sim, por isso mesmo que evitarei tecer maiores comentários sobre o assunto. Para entender melhor, vou fazer uma simplória analogia. Imagine um local com um imenso manancial subterrâneo de água que se estende a milhares de quilômetros em todas as direções. Aqui e ali afloram olhos d'água que sustentam animais, tribos indígenas e toda a flora circundante. Toda forma de vida, e até mesmo o relevo, sofreu e sofre influência desse manancial. Esse imenso reservatório invisível e natural forma lagos, rios, poços, quedas d'água, riachos. Em cada região, as diferentes tribos têm uma forma de culto a essa fonte de vida. Cada qual cultua sua "água" de uma forma diferente. Para uns é o deus dos peixes, para outros o deus da vida, da força, da saúde. Nenhuma das tribos sabe que todas essas manifestações do aquífero são, na verdade, uma coisa só. Ou seja, é o próprio manancial que, em função do relevo e outras forças geológicas, manifesta-se de forma diferente. Então, o singelo poço da região seca do norte, o caudaloso rio do vale ou o imenso lago do Sul seriam subdivindades. Ou seja, partes integrantes de uma divindade maior, vistas de forma limitada devido ao desconhecimento de cada tribo.

Djalma - Entendi, entendi. De fato, não vejo nada aí de desrespeitoso a qualquer crença. O que você quer dizer é que, na verdade, cada um de nós acaba crendo na mesma coisa, com algumas variações e penduricalhos, em função de nossa cultura e interesses, não é isso?

Rick - Exato. E, além disso, esse entendimento não desautoriza nenhuma crença, afinal, todas elas cultuam a Unidade que se expressa em tudo e em todos a partir da resultante das imensas forças que atuam na existência.

Manuel - Bichão, fiquei aqui calado e matutando. Sempre que você avança em suas explicações, tenho esses momentos de conflitos de convicção. São minhas crenças antigas se chocando com o que eu estou ouvindo. Assim, eu sigo aprendendo com nossa conversa. Você falou do Deus Uno, que, aliás, tem uma base muito grande nas crenças orientais.

Rick - Sim.

Manuel - Você trouxe essa ideia de resultantes que eu ainda não tinha ouvido falar. Achei legal. Antes, muito antes, porém, você tinha falado que o espírito era um complexo de discursos. Lembra? Seriam os discursos eleitos por nós ao longo da vida, por diversas razões e influências, inclusive genética, que moldariam e individualizariam nosso ser espiritual, digamos assim.

Rick - É, nem sempre eleitos somente por nós, não é? O ambiente, o acaso e, sobretudo, os interesses dominantes em cada sociedade ajudam, e muito, nessa escolha.

Manuel - Sim, bem lembrado, mas não é exatamente isso o que me incomoda. O que está conflitante em minha cabeça é essa dualidade de natureza que você quer para o espírito; uma hora ele é discurso, outra, é força, afinal, que bicho ele é mesmo, Rick?

Rick - (Risos) Manuel, você está se estranhando, meu filho? Afinal, na etapa atual de sua existência, você é o quê? Já pensou um menino entrar em casa correndo e perguntar para a mãe,"mãe, que troço é esse aqui em meu braço?", e a mãe, "onde, menino?", e ele segurar firme nas carnes para mostrar o objeto de sua indignação. A mãe dizer, "sei lá, pergunta pro teu pai". Estariam mesmo que você agora (risos), estranhando a própria natureza.

Manuel - Ah, Rick, você entendeu.

Djalma - Depois, ele ainda perde a paciência com minhas pihérias, está vendo, Manuel?

RICK - Está legal, galera, vamos lá. Manuel, os discursos nada mais são do que um instrumento de veiculação de forças. Da mesma forma que as palavras. Veja só, quando eu digo que amo alguém, estou usando um código para exprimir uma força que desperta em meu ser quando aquela pessoa está presente. Este discurso segue para o ouvido do ser amado. Lá ele será decodificado e despertará algum tipo de força, ou forças, em seu destino. Assim, se eu digo que eu odeio alguém, ou se eu faço uma cara de ódio quando vejo aquela pessoa, da mesma forma, transmito em código a energia que se passa dentro de mim. Veja que tudo isso parece simples, mas não é. Se uma criança de sete anos dá uma ordem, numa brincadeira de guerra, para o companheiro "matar" o terceiro amiguinho que se aproxima, esse discurso, apesar de ter as mesmas palavras, não surtirá o mesmo efeito se for proferido por um general em um campo de batalha. Você entende por quê?

MANUEL - Sim, claro, o contexto é outro.

RICK - Eu diria melhor, o complexo de forças envolvido em cada situação é diferente. Tanto na composição do ambiente — um é brincadeira de amigos; o outro, uma guerra de adultos — quanto na composição dos atores. Logo, apesar de ser o mesmo discurso, os diferentes palcos em que se dão os encontros e confrontos de forças levará a resultantes muito distantes entre si. O primeiro é muito mais inofensivo; o segundo poderia ser fatal para qualquer dos lados e para toda a história que dali se seguiria.

MANUEL - Compreendi. Os discursos que formaram o general em general trazem um complexo de forças que representam valores de uma sociedade, a exemplo de acumulação de riquezas, proteção, defesa, luta, vitória, dominação, entre outros. Os que agem nas crianças estão menos arraigados e têm mais a ver com amizade, alegria, distração, brincadeiras, aprendizado, repetição.

RICK - Isso! A brincadeira, também, não deixa de ser um meio de moldar espíritos. Por que estimular nas crianças brincadeiras de guerra em vez de ensiná-las a nadar numa piscina, por exemplo? Os valores da sociedade já começam a ser plantados na infância. É a tradição cultural mandando sua contribuição para a seleção dos discursos de formação dos novos espíritos.

DJALMA - De fato, tem um exemplo clássico disso que são as brincadeiras de menina e de menino. Os meninos brincavam de guerra, de carrinho, de pega-ladrão...As meninas só podiam brincar de casinha, com bonecas, vassouras e panelas. Isso existia para definir a posição do macho e sua hegemonia em uma sociedade machista. A mulher era criada para ficar em casa, cuidar das crianças, do marido e da casa; o homem fazia negócios e ia buscar o sustento da família na rua; enfim, tinha vida externa.

Manuel - Djalma, eu vou dar minha opinião sobre isso. Olhe, eu acho exagerada essa interpretação. Recentemente eu tive notícias de muitas mulheres que abandonaram carreiras promissoras para tomar conta da família, por ver nisso um valor maior.

Djalma - Claro, eu também já ouvi falar. Mas veja que nesse caso foi uma opção. De repente, a postura do marido era confiável e ela acordou com ele tarefas para chegarem juntos a um objetivo comum. Acho que é bem diferente do caso de uma jovem que tinha vontade de se lançar no mundo, mas seu destino já estava selado para servir a um lar. Lembre que a contemporaneidade já mostrou que esse papel de quem trabalha em casa pode ser desempenhado com a mesma competência por qualquer pessoa, independente de sexo.

Rick - Isso mesmo. Quando a coisa era imposta, os homens abusavam. A mulher se anulava completamente e nem sempre o companheiro compreendia o sacrifício. Às vezes, e não era raro, ela era uma pessoa com muito mais talento e sensibilidade para uma profissão externa do que o homem, mas tinha que se submeter à tradição, sem choro.

Djalma - Rick, vou provocá-lo mais um pouco. Recentemente comecei a fazer algumas leituras e verifiquei uma renitência quanto a essa questão de haver outras vidas. Você disse que a fase encarnada seria a fase larval do espírito, comparou-a a uma lagarta que depois se desprende em borboleta etc etc. Ou seja, que o espírito nasce e começa a se formar a partir da carne. Todavia, profissionais de certas áreas da psicologia falam inclusive de hipnose, regressão a outras vidas e tudo mais. O que você tem a dizer?

Rick - Bom, você quer minha opinião, obviamente...

Manuel - Rick, eu vou me pronunciar. Sempre tive uma concepção reencarnacionista da vida. Entendo que o espírito é eterno e que passa por várias vidas até chegar a um estágio mais desenvolvido, quando passa a atuar para auxiliar os demais nesse mesmo sentido do crescimento. Claro que depois desse nosso papo aqui, muita coisa mudou em meu pensamento

Rick - Eu volto a dizer que mesmo tudo sendo possível, nada pode acontecer.

Djalma - Posição inteligentíssima, Rick, ou seja, não disse bulhufas.

Rick - Disse sim, quer ver? Eu já disse antes que a concepção do mundo depende do ponto de vista. Observe bem a pergunta, o espírito é eterno? Eu diria que sim, em termos. A essência do espírito é eterna, ou seja, a essência vital. Essa sensação do viver sempre arderá qualquer que seja o tipo de ser que se venha a assumir em toda uma existência. Lembre-se de que eu já falei que para o Ser Uno não há diferença entre a casa do joão-de-barro e um portentoso apartamento no mais requintado endereço do mundo. A razão é uma só, para ele tanto faz. Lembre-se, dele sai tudo, para ele tudo volta. Essa ideia de que a reencarnação só se dá no sentido evolutivo é uma balela que tem por base a ideia da hegemonia da espécie humana sobre as demais, o que não existe.

Djalma - Bom, pelo que você diz aí, Manuel está certo na postura reencarnacionista dele. Você acabou de dizer que admite haver a reencarnação, a ressalva é somente quanto ao sentido evolutivo que, segundo você, não procede.

Rick - Ok, meu pai, com mais algumas ressalvas. O indivíduo, culturalmente falando, formado por um complexo de discursos vivenciais, não reencarna nem tem origem em nenhuma reencarnação, pelo menos em um corpo que tenha partido diretamente das leis naturais. A energia vital que anima esse espírito, esta sim, estará sempre atuando e não temos como identificá-la depois. Assim, Djalma Vasconcellos Grandson, seguramente, nunca foi Napoleão ou D. João VI. Napoleão foi culturalmente Napoleão e assim por diante. Muitos dos discursos que o formaram já são outros. Ou seja, não intervirão mais em novas pessoas de forma a ser possível a formar outro Napoleão, idêntico, com os mesmos sentimentos e mesma visão de mundo.

A sensação de viver, que consiste na fase **sempiterna** do espírito, pode e vai ressurgir em qualquer ser, inclusive humano. O complexo de discursos, que é a fase **semieterna** do mesmo espírito, este sim, definirá a pessoa de Napoleão para todo o sempre, enquanto existir a humanidade nos termos atuais. Não se preocupe se agora está um pouco confuso. Voltaremos a conversar sobre as fases do espírito e você entenderá melhor.

Djalma—Simplezinho esse rapaz, não é, Manuel? Pegou uma doutrina tranquila, já conhecida, muito mais fácil de se entender, enrolou num novelo e quer que a gente engula. Eu que já não engolia direito a outra, ficou ainda mais difícil.

Rick - Não tem complicação. O impulso vital é o Uno. É como aquelas diversas fontes de água que provêm todas de um mesmo aquífero. Retirou um balde de água, levou para casa, ela pode virar feijão, sopa, água de banho, descarga. Depois que evapora e retorna em forma de chuva, é absorvida pelo solo e volta ao aquífero. Aliás, sem querer, eu fiz uma analogia interessante, vejam só. Quando ela evapora, pode, nesse processo, movimentar máquinas, formar nuvens, umedecer o ambiente, precipitar em chuva, encher reservatórios; enfim, a evaporação não a elimina da existência, ela apenas muda de forma, em função do complexo de forças que sobre ela atue.

Djalma - Legal, continue para esclarecer mais. Você falou no impulso vital, mas estávamos falando de discursos.

Rick - Sim, são dois fenômenos, um puramente natural, pode ser encontrado em tudo o que vive. Outro cultural e só secundariamente natural. Um dá a sensação de viver, outro dá a personalidade e individualidade. Por exemplo, vou enfrentar minha própria sina. Vivi por aí alguns anos. O grosso de minha energia vital se foi para outras paragens. Aqui estou eu, evaporado, digamos assim, em forma de nuvem de discursos. Pois, o que eu sou na minha individualidade? Manuel já disse antes, Ideia, pura ideia. Pois é, em minha individualidade, o que eu passo de um complexo de discursos acumulados em determinadas circunstâncias é muito pouco.

Manuel - Sim, acumulados, e se está evaporado pode chover a qualquer hora. Aí está a reencarnação em sua própria tese.

Rick - Não, Manuel, nesse caso, minha analogia é falha no que tange os discursos. Veja que a energia vital retorna a um corpo para poder gerar a sensação de vida. Uma molécula de água em forma de vapor, por sua vez, tem uma dimensão física que eu não tenho mais enquanto individualizado em meus discursos. E forças necessitam de uma dimensão física para fazer efeito. Daí que se agora estamos fazendo, como complexos discursivos vivenciais, algum tipo de efeito sobre a matéria, é porque meu pai está se prestando a nos ajudar nesse sentido.

Djalma - Rick, esse discurso seu é espantoso. Muita gente vai cair matando. Você está indo de encontro a discursos religiosos milenares. O dia do julgamento final, a depuração do espírito nas diversas reencarnações, o paraíso, a justiça divina, Jesus Cristo em sua ressurreição ao terceiro dia, como é que você diz que isso tudo persiste?

Rick - Digo e repito. Persiste sim. Manuel, por favor, pelo que já vivenciamos por aqui, você viu algo que contrarie minha tese?

Manuel - Não, Rick, não, vá em frente. Não tem nenhum manual publicado por aqui (risos), mas não tenho como contestar nada do que você tem colocado. Algumas coisas que você afirma, eu, também, não posso confirmar, isso eu tenho que dizer.

Rick - É claro. Não é pelo fato de estarmos nesta fase, que somos os donos da verdade e que detemos todos os conhecimentos do mundo. Seria uma imbecilidade pensar assim. A possibilidade de crescer, desvendar, conhecer é infinita e existirá enquanto houver vida; ou seja, para todo o sempre. O que acontece é que por falta de um conhecimento mais preciso, surgiram muitas especulações sobre a vida após a morte. Eu vou fazer outra dessas minhas analogias baratas. Digo baratas porque são pobres diante do fato em si e não tenho nada melhor para apresentar. Imaginem um icebergue. Apenas uma pequena parte dele fica à mostra, isso todo mundo sabe. Pois é, e com a humanidade, também, é assim. A parte que fica visível é a parte dos encarnados, a parte dos desencarnados persiste sem ser vista, mas faz parte do contexto. Ou seja, uma parte depende da outra.

Djalma - Como assim, nós, encarnados, dependemos dos desencarnados?

Rick - Simsinrinsinsim.

Djalma - (Risos) Olhe aí, Rick, vou te pedir um favorzinho; é para ver se tu vais ali comprar um pão na padaria para mim. Já que podemos contar com vocês, vamos trabalhar, cambada (risos).

Rick - Meu pai, o melhor de sua fala aí foi a risada, viu? O resto foi só bobagem. Óbvio que não temos ação sobre a matéria. Nossa função é no sentido de sustentação de discursos. Nós somos os discursos que vigem.

Djalma - Virgem Maria, isso vai despertar no leitor uma piadinha sem graça, viu?! Os mais afoitos vão lembrar dos discursos dos políticos. Coisa de espírito apenado, dirão. Ou melhor, safado (risos), tamanho o desgaste da classe política por aqui.

Rick - Nesse contexto que eu falo, discursos vão além da palavra proferida.

Djalma - Entendo e só queria relaxar um pouco a turma. Agora, fica difícil entender isso. Bom, vejamos, o impulso vital é que é eterno e pode reencarnar; discursos que individualizam espíritos; espíritos que fazem parte viva da humanidade. Vamos às perguntas. Os espíritos formados pelos discursos têm uma vida, no sentido que entendemos? Ou seja, seu Toinho, desempregado, analfabeto que mal sabia falar, desencarna. Como fica o impulso vital dele e os discursos que formaram seu espírito? Esses espíritos, uma vez que são formados na existência física, podem morrer? São eternos? E os dogmas milenariamente aceitos de que falei anteriormente: o dia do julgamento final, a depuração do espírito nas diversas reencarnações, o paraíso, a justiça divina, Jesus Cristo em sua ressurreição ao terceiro dia, como ficam? Além disso, o impulso vital e os meus discursos, qual deles sou eu? Se minha sensação de viver, ou seja, meu impulso vital já está encarnado, o que acontece com meus discursos? Eles reencarnam também? Eu acho que se você esclarecer esses pontos ficaremos professores.

Manuel - Rick, teu pai jogou duro, viu? Admiro tua habilidade, mas vai ser difícil, agora, sustentar esse discurso, viu, bichão (risos)?

Djalma - Galera, vamos para aquele fechamento tradicional das novelas, "não percam o próximo capítulo de...", pois já vou dormir. Grande beijo a todos.

Rick - Beijos e bons sonhos.

24 agosto de 2013

DJALMA - Olá, senhores discursivos, vamos trabalhar.

RICK - Estamos a postos.

DJALMA - Rick, direto ao assunto antes que eu me esqueça. Relendo Schopenhauer, nesta semana, observei algumas posições que muito me fizeram lembrar de você. Eu reconheço que eu já o citei demais em nossas conversas, mas acho que vale a pena repetir. Ele tem uma filosofia muito crítica a respeito da concepção de Deus por parte dos cristãos. Por outro lado, ele enaltece muito a ideia oriental do Uno, conforme já conversamos. Agora, ele faz referência a uma Vontade. Tanto que ele discorre sobre o mundo como em duas partes, a primeira delas seria o mundo como "Vontade" e a segunda seria o mundo como "Representação". Veja se o que eu estou colocando está fácil de entender.

RICK - Esse papo já está mais do que batido, meu pai. Bom, mesmo assim, o livro é um tijolo, resumi-lo em quatro linhas fica meio complicado, mas vá lá.

DJALMA - Então deixe. Eu não quero ser repetitivo, apenas relembrar a ideia dele, do mundo como Vontade com "V" maiúsculo, pela proximidade dessa filosofia com muita coisa que você tem exposto.

RICK - Essa Vontade seria, então, como Deus? A pergunta é para provocar sua opinião, por que eu já sei a resposta.

DJALMA - Ele não conclui assim. Esse Deus, personalizado, não é admitido por ele. Essa Vontade somos nós. Eu, você, José, Antônio, Maria, Totó, a formiga, a pedra, a árvore, enfim, tudo o que está na existência. Em essência, nós somos uma coisa só, tal qual a água pertencia ao manancial de que falamos antes. Detalhe; ainda que encarnados, não saímos do manancial, apenas afloramos. Quando desencarnamos, não "retornamos" ao manancial, continuamos nele, pois dele nunca saímos. Ou seja, a parte da Vontade que estava encarnada, quando desencarna, persiste. Afinal, ela não estava separada do Uno; apenas perde aquela forma fenomênica que dispunha com corpo.

RICK - Não foge muito do que discutíamos, de fato. Aliás, o termo Vontade ficou muito próximo da força da afinidade que comentamos, lembra? Realmente, essa afinidade, ou Vontade, como queira, é o princípio de tudo, é a base do decantado amor que foi tão amplamente desenvolvido e vilipendiado pela espécie humana, a uma só vez. Eu só não sei como colocar a posição de Schopenhauer em face da ideia dos discursos. Ele não vê os espíritos exatamente como eu estou discorrendo aqui. Agora, eu me pergunto, será que ele retorna à antiga e ultrapassada visão dos espíritos como uma espuminha flutuante ao vento?

Djalma - Não sei. Mas é certo que ele condena essa visão de um espírito formado, em parte, culturalmente, como você falou. Ele acha que a manifestação da Vontade tem sua marca própria e indelével. Assim, o ser humano, em sua essência, teria um caráter imutável, a tal ponto, que se conhecêssemos todas as variáveis existentes numa determinada situação poderíamos dizer, com segurança, qual seria a decisão de cada pessoa posta naquele momento.

A analogia feita por ele para explicar sua tese foi mais ou menos a seguinte. Uma árvore retilínea e em prumo, quando cortada, fica difícil de saber para que lado vai tombar. Mas é certo que as forças implicadas sobre ela no momento vai fazê-la tombar para um dos lados e não será de forma aleatória.

Vejam que isso tem tudo a ver com as teorias das forças que conversamos. Observe que ele coloca que o ser humano nasce com um caráter indelével e imutável. Esse indivíduo, se presentes as mesmas condições, vai agir sempre e sempre da mesma forma. Isso é o conhecido "servoarbítrio" de Schopenhauer.

Rick - Realmente, não está distante de tudo o que falamos, veja só. Essa grande e infinita Vontade nós não discutimos, lembra? Seria falar de algo inefável, portanto, uma perda de tempo, segundo meu ponto de vista. Partimos para analisar um logo após esse ponto. Que se chame de Uno, de Deus, de Senhor isso por ora pouco importa. Especular sobre sua grandeza, sabedoria, piedade, tudo isso seria projetar uma humanidade limitada, em algo que queremos, e não conseguimos, açambarcar com nossos conceitos.

Um jovem bebê já nasce grandioso. Ali não se encontra a figura de um ser frágil, pouco elaborado, mas, sim, a resultante de milhões de anos de embates e uniões de forças incomensuráveis da natureza e, portanto, do trabalho incessante do Uno, da Vontade, do que seja.

Aquele pequeno ser tem uma característica própria registrada em sua genética. Tem um caráter definido pelas resultantes que encerra em si. Obviamente que esse complexo singular atuará sempre de forma diferenciada. Normalmente, pessoas agem de modo diferente em face do mesmo contexto. Podemos, assim, falar de uma certa fatalidade do destino. Afinal, o Uno, Deus etc, poderia projetar forças de tal maneira que desencadeadas as primordiais, suas resultantes levariam a outras e outras forças; resultados, sempre e sempre parciais, pretendidos por Ele desde sempre. Tipo aquela carreirinha de dominós que derrubamos apenas um e a gravidade faz o resto, conforme planejamos. Seríamos marionetes de forças cósmicas? Sim ou não? O ser humano desenvolveu a razão, que nada mais é do que a habilidade de entender algumas forças circundantes de uma maneira mais profunda, e tentar manipulá-las. A razão também é uma força. Essa força que é a razão não foge da plêiade de forças que atuam no universo. Sendo assim, não podemos menosprezá-la, ela faz parte do complexo do Uno, Deus etc. Temos que levá-la em conta, também, quando tentamos entender o mundo espiritual.

Manuel - Sim, sim, espera aí, a coisa está meio confusa. Pelo menos para mim, que vim de uma cultura de explicação mais clara sobre o fenômeno que por ora desfrutamos, o espírito.

Djalma - Por ora, não, não é Manuel? Sempre desfrutamos.

Manuel - Eu digo "por ora", pelo fato de estarmos desfrutando isso de forma mais depurada atualmente (risos), mas eu sei que é perene. Diga aí, Rick, do alto de sua sabedoria...

Rick - Menos, menos...

Manuel - Como é que fica esta questão ética nesse seu contexto. Talvez até você já tenha falado, mas sempre é bom recordar.

Rick - Vamos lá, bem do comecinho. O ser humano sempre procurou uma divindade para se descarregar de suas inseguranças. Isso é um fenômeno sociológico tão presente e crítico que falar sobre Deus, morte, enfim, chega a dar um frio na espinha da maioria dos pobres mortais.

Djalma - Rick, só um aparte. Interessante é que eu estive recentemente na delegacia do bairro para dar um depoimento sobre determinada ocorrência e o escrivão me perguntou sobre minha religião. Eu olhei para sua mãe, lembrei-me de nossas conversas e não tive o que responder. As respostas possíveis seriam catolicismo, evangélico, adepto da umbanda, espiritismo, muçulmano, budismo, essas coisas. Eu não me acho enquadrado em nenhuma dessas. Lembrei-me de sua conversa sobre as resultantes. Cheguei a pensar em dizer ser um "resultantista". Afinal, eu não deixo de acreditar no Uno, Deus etc, só que, com base no que você enfatiza, para mim, a ideia de um ser Criador ficou muito maior do que qualquer religião conhecida. Na falta de opção melhor, acabei me decidindo pelo velho e massacrado "ateu".

Rick - Historicamente, ateu passou a ser a denominação de quem não acredita no Deus judaico-cristão. Isso devido a hegemonia dessa fé sobre todas as outras em nossa cultura ocidental. Mas não vamos agora partir para criar mais uma religião, não é meu pai, as que temos já dão de sobra.

Essa ideia de "resultantes de forças a moldar o universo" é coisa de há pouco. Em nossa mente, esse imenso e misterioso universo chega sob a forma do mundo que conhecemos. Esse mundo, por nós concebido, por sua vez, é a resultante do confronto dos diversos discursos que vivenciamos e produzimos ao longo de nossa vida consciente.

Nós, seres humanos, em face do entendimento parcial da interação das forças que moldam o universo, passamos a lucubrar mitos na tentativa de explicar o que não conseguimos entender. Isso, mais das vezes, foi fruto da adoração ao imediato, ao momento presente e fisiológico. As conclusões sofreram as limitações da percepção sensorial. Os temores decorrentes dessas conclusões levaram-nos à necessidade da concepção de seres poderosíssimos que nos protegessem. Criamos os deuses mitológicos, com suas fainas fantásticas. Puros arquétipos...

Djalma - Mamou esse conceito onde, na obra de Jung? Arquétipos, inconsciente coletivo...

Rick - Não sei lhe precisar. Pode até ter sido, mas não me recordo agora se já li algo sobre ele. Se tiver algo a ver pode ser que sim.

Djalma - Tudo bem, li recentemente algo sobre o tema e quis ser justo com a autoria.

Rick - Justíssimo, vamos em frente. Essas ideias vagaram como arquétipos, ou seja, formas de pensamento, ao longo do tempo, pelo imaginário coletivo, ou inconsciente coletivo, como quer meu pai com Jung.

Djalma - Aliás esse inconsciente pode explicar muita coisa das regressões, vidas passadas e tais...

Rick - Meu pai, desculpe-me interrompê-lo, mas acho que é uma digressão muito grande essa aí, vamos deglutir primeiro este papo depois a gente viaja por outras veredas, vai!

Djalma - Está bem, desculpe-me.

Rick - Sim, com todas essas poesias, fantasias e ornamentos o ser humano se esqueceu de enxergar o espelho. É que ali estava refletida a verdadeira subdivindade que, de fato, sempre existiu e se desenvolve a olhos vistos.

Manuel - Rick, espera aí, rapaz, pega leve. Nietzsche disse que Deus estava morto e tu queres fazer nascer bilhões de deuses?

Rick - Eu?! Fazer nascer?! imagina! Já nasceram e nascem mais a cada momento. Todas essas subdivindades que são geradas, a cada momento que nasce uma criança, é um broto do Uno. Ou seja, somos deuses, sim! A carga de energia que há em cada ser humano é fantástica. Tanto faz dizer que esse ser humano é uma rainha da Inglaterra, um operário, um engenheiro, um médico, empresário de sucesso ou um mendigo morador do viaduto da Av. Bonocô. Todos têm a mesma carga de força dentro de si. O acréscimo de energia que alguns conseguiram nos últimos cinquenta, cem ou mil anos, com esmerada educação ou acúmulo de riquezas, ainda que devido a uma rica dinastia, em face das resultantes contidas na carga genética e de humanidade de todos eles, é menor do que o que há em uma célula no corpo humano. E isso não é fantasia.

Manuel - Rick, espera aí, bichão, uma rainha pode detonar uma guerra de derreter meio mundo; um pobre de um mendigo só faz mal a si mesmo, rapaz. E você diz que não tem retórica nisso aí? Entendo a questão do poder que você quer colocar sobre o ser humano, mas como dizia o técnico do time do Bahia, na prática a teoria é outra (risos).

Rick - Não é, não, Manuel. Tudo é uma questão de tempo. A rainha pode, agora, apertar um botão e criar um verdadeiro caos? Isso é que é retórica. Ela não tem esse poder efetivo. Antes de ela chegar a fazer isso, meio mundo de gente deve ser consultado. O desrespeito pelo poder inerente a uma divindade é o que tem causado muita dor entre nós. O desprezo pela sacralidade do ser humano, ainda que seja uma pessoa desprovida de bens materiais ou do conhecimento técnico mundano; a desnecessária riqueza excessiva de uns; a vergonhosa pobreza desmesurada de outros, tudo isso traz um desequilíbrio imenso na humanidade.

Deixar um deus sem educação, dormir ao relento, sem cuidado com a saúde, higiene, isso é fatal para uma sociedade. Não, necessariamente, por uma questão de caridade, de humanidade, mas por desrespeito ao poder que tem naquele ser vivente. Essa energia malcuidada, de um mendigo que seja, será sempre um empecilho ao desenvolvimento da comunidade como um todo. Veja o exemplo, nas grandes cidades do país, da questão da segurança pública. O governo investe milhões para equipar a polícia, mas o crime pouco arrefece. A razão é óbvia. Se o deus cidadão foi esquecido lá atrás, desprovido de tudo, sem educação, moradia, assistência, enganado por uma ideologia boba que fez convergir quase toda a energia do trabalho humano para o conforto excessivo de poucos privilegiados, em detrimento do que seria a necessidade basilar da maioria; obviamente que essa energia, assim, mal formada nos deuses esquecidos, entrará em conflito com a energia da força "Estado" e vai trazer problemas para a comunidade.

Manuel - Muito legal sua colocação, acho que só ficou um pouco exagerada, não?

Rick - Não, Manuel. Se passarmos a ver o outro como o verdadeiro deus que ele é e assim respeitá-lo, as coisas melhorarão. Cada ser humano é um deus, não devemos subestimar isso.

Manuel - Pronto, ok, já concordei, não precisa se aborrecer, sua divindade (risos). Agora, deuses fazendo bobagens, fazendo o mal, como explicar isso?

Rick - Fácil. Voltemos à infinita matriz do Uno ou Deus, "origem" das diversas forças cósmicas que em ação de confronto ou coligação formou, forma e reforma tudo o que existe. Para Ele não existe o bem ou o mal, pelo menos diretamente. Se um cometa se choca contra um planeta e o destrói, que mal há nisso? Nada, apenas forças em ação a cumprir sua infindável sina. Se um assaltante dá um tiro em um transeunte, que mal há nisso, sob a Ótica Maior? Nenhum, nem bem nem mal, apenas mais um choque de forças, decorrentes de outros choques ou uniões, que desencadeará outras e outras interações, indefinidamente. Portanto, poderíamos dizer, como já comentamos, que o Uno é, em um primeiro momento, amoral. Obviamente que, em sua grandeza, ele pode ter manipulado tudo desde sempre, quando projetou todos os embates que aconteceriam em todos os tempos possíveis e impossíveis da existência; mas isso é demais para eu alcançar detalhes com meu raciocínio. Prefiro entender que posto o universo, com suas forças, para trabalhar, tudo se resume nas resultantes de embates ou cooperações de forças.

Manuel - Mas, Rick, já pensou na bagunça que esse entendimento pode gerar? Os mandamentos divinos, a Bíblia, toda a ética religiosa por água abaixo. Se o povo já anda sem rumo ético, imagine depois dessa? Vai virar bagunça.

Rick - Vai não. Agora é que vai consertar tudo. O que está acontecendo com o mundo ético é justamente uma descrença. Moisés, e digo isso em termos, teve que engabelar o povo. Ele, obviamente, era um homem inteligentíssimo. Um líder primoroso, que enxergava o outro e o compreendia. Sabia da energia divina que há em cada um de nós e respeitava isso. Como fazer aqueles seres divinais se conterem em suas energias se não tinham maturidade para entender o poder que residia em si? O jeito foi transferir a autoridade para um ser maior, lucubrado a partir das energias provindas dos arquétipos sociais, do inconsciente coletivo. Da mesma forma agiu Jesus Cristo e tantos outros grandes líderes da humanidade. Trabalhavam com o conceito de força e respeito aos seres divinais que somos, sem, contudo, precisar explicitar isso, até porque a consciência humana ainda não tinha a maturidade que possui nos dias atuais.

Manuel - Fenomenal.

Djalma - Vamos às perguntas? A sessão tem sido proveitosa, mas nós fugimos das perguntas que ficaram em aberto na última, lembra?

Rick - Acho que algumas já devem ter sido respondidas. Veja aí.

Manuel - Djalma, Djalma, antes de enveredar pela floresta das dúvidas que você colecionou, vou pedir uma licencinha...

Rick - Quer ir ao banheiro (risos)?

Manuel - Rick, sem molequeira, é o seguinte. Primeiro é essa questão dos arquétipos e inconsciente coletivo. Desculpe minha ignorância, mas não captei bem; depois foi essa questão do impulso vital em face dos discursos, sei lá, me deixou um pouco confuso...

Djalma - Manuel, deixe-me fazer um aparte. Vou trazer aqui algumas passagens do próprio Jung. Ele faz um paralelo entre o inconsciente pessoal e o inconsciente coletivo, conceito esse forjado por ele. Os conteúdos do inconsciente pessoal são, principalmente, os complexos de tonalidade emocional, que formam a intimidade pessoal da vida anímica de cada um de nós. Já os conteúdos do inconsciente coletivo são, por ele, chamados de arquétipos.

Manuel - Sim, mas o que seriam os arquétipos?

Djalma - O arquétipo, por ser um conteúdo do inconsciente coletivo, é também inconsciente. Na verdade ele seria só a forma da ideia, digamos assim. Por exemplo, teríamos o arquétipo de um ser poderoso, que está em todos os lugares em que me encontro, que pode me proteger em determinadas situações, desde que eu faça por merecer. Para algumas civilizações, esse arquétipo irá se manifestar na forma de Zeus; em outras, na forma de Tupã, Thor etc. Em outras, ainda, poderão ter formas mais completas e rebuscadas. Ou seja, o arquétipo, segundo Jung, pode ser alterado em função da consciência individual em que se manifesta. Agora, a explicação sobre o impulso vital em face dos discursos fica com Rick. Vai aí, carinha.

Rick - Deixe-me ver...

Djalma - Rick, quer saber, velho, acho que está dando *tilt* aqui em minha cachola, brother, vamos dar uma parada por hoje. Manuel, tenha um pouco de paciência, meu velho, na próxima a preferência é sua.

Manuel - Não esquenta, bichão, tenha uma boa noite.

Djalma - Grande beijo em todos e até a próxima. Beijos.

25 de agosto de 2013

Djalma - Rick, coisa rápida. Tem que ser hoje pela manhã, não posso esperar até nossa próxima sessão de escrita.

Rick - Diga o que tanto o aflige.

Djalma - Ontem à noite, depois que encerramos o bate-papo, fui descansar. Interessante que eu tive um sonho com uma pessoa que havia muito não me recordava. Fiquei a imaginar quem seria. De início, veio a minha mente a feição de um colega de trabalho que encontrei recentemente, depois de alguns anos sem nos vermos. Mas eu tinha um pressentimento que, de longe, me dizia não se tratar daquela pessoa. A comunicação não se fazia muito clara. Veio ao sonho um nome, Nabuco.

"Sim", eu disse para mim mesmo, "teu nome é Nabuco, agora me recordo". Outra informação me veio. Ele teria sido meu colega no ensino médio, no colégio Antônio Vieira, nos idos de 1979. "Sim, colega, tu és Nabuco, que satisfação tê-lo, agora, como meu colega de trabalho, fico alegre em compartilhar contigo este momento em sonho".

Outras conversas amenas deve ter havido, que não me recordo. Acordei. De repente a lembrança do sonho retornou a minha mente, agora em vigília. Lembrei-me do colega "Nabuco", do Colégio, no 3º Ano do ensino médio. Sim, fora mesmo Nabuco, pois o rosto era outro, eu me enganara no sonho. Nabuco não podia ser o meu colega de trabalho. Aquele ainda está fisicamente por aqui. Nabuco sofreu um acidente de carro em 1979 e foi vítima fatal do acidente. Era mesmo Nabuco e eu não havia entendido naquele momento. Fiz questão de uma assembleia extraordinária com vocês para citar a nobre visita em nosso compêndio discursivo. Esta aí, grande Nabuco, o registro de sua presença, com muito carinho.

Nabuco - Muito feliz pelo encontro, Djalma, grande beijo a todos.

Djalma - Beijo para você também.

Manuel - Muito bonito, Djalma, parabéns aos dois pela demonstração exemplar de solidariedade e afeto.

Rick - A galera está aumentando para contribuir com o papo. Do jeito que vai, nosso compêndio vai virar uma enciclopédia, com tantas informações (risos).

Djalma - Rick, nem todo mundo que passa por aqui vai poder contribuir mais intensamente com o debate, infelizmente. Não tenho talento para tanto. Acho que com pessoas com as quais não tive uma maior aproximação intelectual fica difícil manter uma frequência de ideias. Talvez seja até um preconceito ou despreparo meu, quem sabe. O que eu não quero e acho que o pessoal sabe disso, é registrar um bate-papo corriqueiro, um mata-saudades particular. Nada contra isso, mas o lugar não deve ser aqui. Aliás, isso pode ser conseguido facilmente em uma sessão espírita, com outra roupagem.

Rick - É, mas nem todo mundo está ligado nessa de sessão espírita, é uma conversa sempre muito pasteurizada para alguns.

Djalma - Não vamos voltar a discutir isso. Tudo tem uma razão de ser. A conversa naquelas sessões, muitas vezes, precisa ser pasteurizada para preservar quem ainda está por aqui. Você e Manuel até já comentaram sobre isso. Não raro, os parentes ainda encarnados não têm a amplitude de conhecimento e desprendimento para uma conversa, como você diz, menos pasteurizada. Manuel já destacou os perigos envolvidos nisso tudo.

Rick - Desculpe-me meu pai. De fato, você tem razão. O que eu quero me referir não é o que filtramos quando enviamos uma informação daqui para aí e que é necessário para preservá-los. Refiro-me a quando há limitações por parte de quem capta o discurso que emitimos. Bloqueios, preconceitos e outros babados que travam o diálogo que poderia ocorrer.

Manuel - Rick, casos há de ocorrer isso, mas em centros mais sérios, não. Há muita gente boa trabalhando com o objetivo de trazer conforto, conhecimento e crescimento para ambas as partes.

Rick - Manuel, quem sou eu para refutar teu testemunho? Tu és autoridade no assunto e eu respeito.

Manuel - Dispenso o título, Rick, mas obrigado pela deferência.

Nabuco - Amigos, obrigado pelo registro. A exemplo de tantas outras pessoas, ficarei por perto apreciando a conversa, se assim permitirem.

Djalma - Tu és muito bem-vindo, Nabuco.

Rick - Puxa um tamborete aí, colega, e vamos tricotar (risos).

Manuel - Nabuco, você só vai ter que se acostumar com o nível do anedotário dessa turma, que é meio baixo (risos).

Nabuco - Leve e divertido, muito legal mesmo.

Djalma - Feito o registro, mais bem acompanhados a partir de agora, despeço-me. Até a próxima, galera.

Beijos.

28 de agosto de 2013

Djalma - Olá, turma.

Rick - Oi, meu pai.

Djalma - Cara, tem dias que a saudade de ti vai longe...

Rick - Compreensível (risos).

Djalma - Acho que às vezes saio do foco de nosso trabalho, sabia?

Rick - Faz parte, é um trabalho longo, natural que altos e baixos surjam no percurso.

Djalma - De fato. Nem sei mais o que conversávamos.

Rick - Você fez uma intervenção extra por causa de Nabuco, lembra?

Djalma - Sim, sim, mas quanto ao bate-papo, lembra do último?

Rick - Dá uma lida em tuas anotações para recapitular.

Djalma - Bem, tem aquelas perguntinhas que foram saltando, saltando e não foram respondidas.

Rick - Mande novamente, para ver se respondemos. Manuel, Manuel?! Tá ligado, aí?! Podemos precisar de você.

Manuel - Calma, Rick, o que foi assim? Cadê aquela velha disposição, rapaz?

Rick - Por aí, por aí, te chamei por que acho teu contraponto interessante.

Manuel - A postos e a ouvidos (risos).

Djalma - Vejamos a primeira delas...Os espíritos formados pelos discursos têm uma vida, no sentido que entendemos? Lembro que eu dei o exemplo de seu Toinho que - desempregado, analfabeto, mal sabia falar - desencarna. Como fica o impulso vital dele e os discursos que formaram seu espírito?

Rick - Qual é a dúvida?

Manuel - Rick, desculpe-me, mas espírito de discurso é com você, minha toada é outra.

Rick - Sei, só estou tentando entender qual é a dúvida, se já falamos nisso. Bom, vá lá. Vejamos, então, a primeira. Os espíritos formados pelos discursos têm uma vida? A resposta é...Sim e não.

Djalma - Ai, ai, meu Deus! Vai começar a politicagem barata. Tem ou não tem, Rick?

Rick - Não é brincadeira, não, meu pai. Entenda, no seu caso, você ainda está por aí na fase um. O que o faz pensar da forma que pensa são os discursos que você absorveu até hoje, em interação com o complexo de resultantes de sua genética e do contexto em que você vive. Esse é a fase individualizada de seu espírito. Nesse caso, posso dizer que seu espírito tem vida, sim, no sentido em que a entendemos.

Já a negativa seria o meu caso. Estamos aqui conversando, mas eu nunca poderia me manifestar dessa forma a você se não fosse sua decisão de nos aceitar. Falta-nos certa autonomia para isso, entende? Aliás, dependo, também, de que você capte corretamente o que eu comunico; afinal, a cabeça é uma só, tanto meus pensamentos quanto os seus dependem de seu entendimento, está ligado? A situação é bem diferente de um diálogo normal entre duas pessoas encarnadas. Isso pode gerar alguns ruídos.

Em suma, se tomarmos como referencial os parâmetros que temos por aí para entender o que é vida, acho que a definição da nossa situação aqui seria outra. Ocorre que não se trata também da morte, com o terror que se pinta por aí. Só que são outros parâmetros de existência. Mas é bom que se saiba o seguinte, precisamos de vocês como vocês necessitam da gente. É outra fase da existência, tão necessária e importante quanto essa daí.

Djalma - Quer dizer que vocês ficam paradões à espera de alguém que os chame?

Rick - Não, necessariamente. Temos outras formas de ação e interação que têm muitos encantos. Agora, a comunicação do jeito que estamos fazendo é que depende de vocês. Lembre-se, estamos em outra (risos).

Djalma - Está legal, então vamos adiante. Os espíritos, uma vez que são formados na existência física, podem morrer? São eternos?

Rick - Acho que essa dúvida já conversamos antes. Lembra-se de que eu falei de uma semirreta? Apesar de ser uma semirreta, é infinita. Assim ocorre com o espírito em sua fase semieterna. Por outro lado, a energia que emerge do Uno, Deus etc, e que também nos forma, está sempre aí como sempre esteve, esta é a fase sempiterna do espírito. Essa não pode ser comparada a uma semirreta, mas a uma reta. Aliás, essa analogia é bem legal porque podemos, numa simplificação bem absurda, entender o Uno como o grande e infinito espaço que nos cerca e cada ser como uma reta pertencente a esse espaço.

No caso dos seres humanos, essa reta toma outra coloração devido à razão. O espírito do ser humano, assim, com o desenvolvimento desse atributo, passou a ter duas fases: a sempiterna que é relativa ao Uno e se encontra em todos os seres; e a do acúmulo de discursos, que o individualiza e que se inicia com o nascimento na vida terrena. Aliás, peço-lhe desculpas. Alguém me soprou aqui. No período "larval" temos também a fase corpórea. Mas essa é descartável, não prospera.

Manuel - Fase, período, não é melhor você esclarecer essa confusão, não, Rick?

Rick - Sim, quando falo de fase, não estou me referindo a tempo. Fase aí está como uma parte homogênea que tem atributos diferenciados das demais. No espírito, portanto, são três, a fase sempiterna, semieterna e a corpórea.

Djalma - Beleza, agora me faz um favor, diz qual a função de cada uma etc etc.

Rick - Rapaz, está querendo demais, viu? Vou fazer um apanhado rápido. Sempre que você quiser entender algo sobre a vida em seu sentido mais amplo, coloque uma coisa em sua cabeça; a natureza não quer enganar ninguém, tampouco fica elucubrando loucuras para fantasiar ou abrilhantar nada. Raciocine, sempre, que tudo é fruto de grandes interações de forças, ao longo de muito tempo, com o objetivo único de alcançar afinidades.

Djalma - Schopenhauer fala de uma Vontade, como vimos.

Rick - Pois é. Muda o nome... Assim, surge o mundo terreno, com sua fauna e flora multimilenar e geradoras de vida encarnada. Nas origens, não podemos falar de espíritos. Animais nascem e morrem. Plantas idem. De repente, a partir do processo evolutivo natural, o ser humano passa a memorizar, refletir, sentir, temer, planejar. Com essa racionalidade surge, concomitantemente, o espírito. A palavra certa nem seria "surge", seria "individualiza-se", porque é para isso que a fase semieterna serve. Então, por aí, vemos. A fase sempiterna está no animal, no vegetal, enfim, é uma parte do Uno, como aquelas diversas fontes de água de que falei antes faziam parte do aquífero, lembra? Pois é. Essa fase sempiterna, uma vez destruído o corpo, persiste no Uno, como sempre esteve, todavia, sem a individualização personalizada pelos discursos. Ele vai continuar na ativa, ou seja, vai, sempre, estar no pedaço, na vida, no Ser. É por aí que se pode dizer que, aconteça o que acontecer, ninguém nunca morre. Se o planeta rachar ao meio, aquela fase da existência persiste, em algum outro lugar que se faça possível e de alguma outra forma.

O Uno, que está sempre e sempre na ativa, não é como um lago em repouso que guarda suas águas à espera do Sol ou da chuva. Ele está mais para uma vigorosa torrente que desce incessantemente a encosta de uma montanha infinitamente alta após o desgelo. É vida, é a própria pulsão da vida em atividade constante.

Djalma - Ufa! Deu para sentir a energia só pela sua narrativa.

Rick - Pois é, essa energia, nas condições oferecidas pelo planeta Terra, após milênios de encontros, conflitos e desencontros de forças, gera a vida que temos quando encarnados e os espíritos que continuamos a ser, também, desencarnados.

Manuel - Meu caro Rick, deixa-me "respirar" um pouco.

Rick - Sinceramente, não vejo complicação. Complicado é o que fazemos por aí com tantos misticismos, ritos e magias para entender a vida e o que costumamos chamar de morte.

Manuel - Rick, dá uma resumida, aí, bichão. Não venha tirar onda com minha dúvida, não. É que eu fico tentando lincar suas explicações com meus conhecimentos e acabo perdendo o fio da meada.

Rick - Está bem. Bem resumido é o seguinte. O bebê nasce, expõe sua fase sempiterna; o bebê cresce, desenvolve a fase semieterna; o ser humano morre, a fase semieterna separa-se da fase sempiterna, pois esta depende das resultantes da fase corpórea para se expor no ser. Desencarnada, a fase semieterna pode-se manter na ativa, desde que haja apoio de quem está encarnado.

Manuel - E essa fase semieterna, como se mantém. Aliás sou eu, hoje, não é?

Rick - Não só você. Também, eu e toda a turma por aqui. Com exceção, por ora, de nosso patrono, obviamente. E você já deve ter em mente a resposta a sua pergunta.

Djalma - Vai, diz aí e não enrola.

Rick - Poxa, não lembram que eu falei do iceberg? Há como imaginar a parte emersa do iceberg sem sua parte imersa?

Djalma - Absolutamente.

Rick - Da mesma forma, não há como se imaginar o mundo dos encarnados, racionais, sem o dos desencarnados e vice-versa. Somos ideia e viajamos no que se entende por imaginário da humanidade. Somos parte do arquétipo que Jung falou, habitamos os inconscientes, compomos o inconsciente coletivo. Isso pode parecer pouco romântico, cruel até, mas não é. Você, ainda encarnado, queria entender seu ente querido desencarnado como um plasma flutuante, gozando as delícias do paraíso? Não, não é bem por aí, sinto muito se causei alguma decepção.

Djalma – É meio frustrante mesmo, para quem está por aqui. Quer dizer que você é uma simples ideia do vigoroso e inteligente rapaz que por aqui viveu e labutou?

Manuel - Porra, Rick, sinceramente, você agora derrapou feio, viu? Não é bem por aí, não, meu velho. Tenho muita consciência de tudo que estou participando aqui, viu?

Rick - Sim, Manuel, eu também. Mas você mesmo sabe que é diferente. Eu já esperava que houvesse alguma decepção. Isso foi avisado nos papos anteriores. O que ocorre é que esses conceitos, tomados emprestados daí, não refletem com precisão o que ocorre por aqui. Necessitamos dos encarnados porque somos discursos; discursos são caminhos de força; força necessita de matéria para atuar. Se não temos mais o corpo material, necessitamos de algum apoio para nos fazer presentes. Seja de alguém, individualmente, ou do corpo coletivo da comunidade.

Sabe aquele cordão energético que alguns espiritualistas dizem ligar o mundo cósmico a cada pessoa? De alguma forma, ele existe e liga o mundo espiritual ao mundo encarnado, só que o fluxo é inverso. São as pessoas ainda encarnadas que mantêm o mundo espiritual, querendo ou não.

Em nossa situação não podemos fazer muito, diretamente, no mundo material. Como vocês sabem, a integridade de um espírito depende das três fases já explicadas por mim. Atualmente detemos integralmente somente a fase semieterna; a corpórea, não temos mais; da sempiterna, temos resquícios, de forma intermitente e muito frágil.

É devido a esta última que dependemos de quem ainda detém a matéria na existência, ou seja, do dito mundo dos vivos.

Djalma - Complicado, amigos. Eu tinha uma lista de dúvidas e achava que se você me as esclarecesse tudo se resolveria em minha cabeça, e o que aconteceu? Já nas primeiras questões surgiram mais e mais dúvidas.

Rick - Não vou lhe dizer que estou aqui para ensinar tudo. Também tenho aprendido muito. Tem muita gente por aqui, a ajuda é abundante. Sozinho eu já estaria batido. Realmente, o assunto vai tomando vulto, não é?

Manuel - Sabe, Rick, eu estou abismado, admirado com tudo isso. Muito feliz mesmo, digo de antemão. Obrigado, Djalma, não me canso de lhe agradecer.

Rick - A gratidão, amigos, é uma coisa interessantíssima. Temos sempre que ser gratos a quem nos faz um bem, obrigado, meu pai, em nome de todos os presentes.

Djalma - All of you are welcome, my dears. Mas, agora, vamos repousar que será bom para todos; afinal, a minha cachola é que está servindo de base para essa farra toda. Grande beijo, amigos.

Beijos.

29 de setembro 2013

Djalma - Olá, turma.

Rick - Olá, meu pai, mais descansado?

Djalma - Oxalá!

Rick - Vamos continuar o papo anterior ou tem algo novo?

Djalma - Vamos no mesmo embalo. Onde ficamos?, deixe-me ver...Nas fases. Você explicava a tese das três fases. Depois que a **fase corpórea** fenece, a **fase sempiterna** persiste frágil, intermitente e dependente do mundo encarnado para fazer valer a **fase semieterna**, que é a que personaliza o espírito. É por aí?

Rick - Isso. Nosso caso. Nossa individuação...

Djalma - Não sei se você disse isso consciente, mas individuação é um processo cujo conceito foi criado por Jung e tem muito a ver com o que você está colocando. Pela individuação, o indivíduo alcança um grau mais ampliado de consciência. Esse estágio decorre da inserção do indivíduo em seu meio e depende das funções de sensação, pensamento, intuição e sentimento, segundo ele, passos necessários ao perfazimento do processo.

Rick - Eu não posso dizer que foi consciente, também não posso negar, afinal, ajudar nesses *insights* seriam, como posso dizer, um pouco de nosso trabalho por aqui, creio eu. Não estamos em condições de criar muita coisa, mas transitar com ideias já formadas é outro assunto. Bem, sendo ou não coincidente com o conceito dado por Jung, vou prosseguir com a individuação.

Djalma - Vá lá.

Rick - Nossa individuação depende principalmente da vida encarnada. É lá que vivenciamos expressamente o que, segundo você, Jung colocou. Sensação, pensamento, intuição, sentimento. Não temos como conceber um espírito sem antes ter sido encarnado. Daí se dizer que a fase encarnada é, metaforicamente, a fase "larval" da existência humana. A fase espiritual, ou semieterna, não é nem mais nem menos importante que a carnal, é apenas outra fase.

A fase sempiterna é a mais misteriosa, na qual as religiões se apegam para estabelecer seus misticismos. Não tenho muito a acrescentar sobre ela. É enigmática e simples a um só tempo. O Uno, Deus etc é inalcançável para nossa compreensão. A fase sempiterna é Ele em essência. Essa fase é que dá aos seres o toque imediato de divindade, magia, transcendentalidade. Se perdermos a fase semieterna, nossa fase sempiterna persiste com a mesma força e se fará apresentar sempre e sempre nos seres pelo universo. Agora...

Djalma - Agora?

Rick - Se queremos falar de uma individualização. De antônio Gomes da Silva, Djalma Vasconcellos Grandson, Manuel, Henrique Soares Jacobina...Aí, meus amigos, temos que nos referir à fase semieterna. Sem ela não há a personalidade como concebemos.

Djalma - Bastante interessante, Rick. Agora me diga, o cara analfabeto, a criança que desencarna cedo, o louco, o aleijado, como é que ficam com suas fases semieternas?

Rick - Meu pai, as explicações sobre isso abundam na literatura religiosa. O que acontece é que criaram como que um avatar para a divindade que querem adorar. Deus é isso, Alá é aquilo, o orixá é dessa forma, agem assim e assado, têm esse ou aquele atributo. Com esses aparatos, ficam viajando na maionese para reparar os buracos que as teses dogmáticas que sustentam sua fés criaram. Eu lhe pergunto, como fica o louco na vida encarnada? E a criança? E uma pessoa analfabeta? Ora, tem muito analfabeto com mais noção de vida e humanidade do que muita gente letrada. Tem muita criança mais sensível e inteligente do que muito adulto. Tem muito louco mais sensato do que muita gente que se quer por normal. Mesmo para os casos extremos, não há mágica. A pessoa desencarna com o complexo discursivo que tem e ponto final.

Explicando melhor. A pessoa nasce "aleijada" por uma álea do destino. Animais nascem "aleijados", vegetais também. Lembro que o "aleijão" é uma deformidade que se observa em face de um padrão. Uma espécie de ave, por exemplo, antes de desenvolver asas, passou por muitas mutações que surgiram em indivíduos que nasceram "deformados". Esses "aleijões" transformaram uma espécie rastejante em animais que voam. Não tem esse papo de nascer aleijado para pagar uma pena ou coisa que o valha. Mutações e acasos fazem parte da vida encarnada. A vida desencarnada apenas continua, no âmbito espiritual, o que havia com o corpo, ou seja, não falo da deformidade física, mas da formação discursiva.

Aliás, voltando um pouco. Tem um resuminho curioso para entender melhor as três fases do espírito. A fase corpórea é criada pela natureza, desenvolve-se com o tempo e tem fim; a semieterna, é criada pela cultura humana, desenvolve-se com o tempo e pode ter fim, se não tivermos cuidado; a sempiterna é eterna, sempre existiu, é a mesma de sempre e sempre será.

Djalma - Cara, e os dogmas milenares. Jesus Cristo em sua ressurreição ao terceiro dia, por exemplo?

Rick - Jesus Cristo? Hoje, Jesus Cristo tem tantos discursos atribuídos a ele, tanta intolerância, tanta inflexibilidade de entendimento embasados em interpretações absurdas de sua fase semieterna, que se ele voltasse à baila na vida encarnada, com base no que falam dele, ele mesmo não mais se reconheceria.

As religiões são utilizadas pela imensa maioria das pessoas, não como um *locus* de desenvolvimento pessoal e comunitário, mas como um objeto de superstição. Sou religioso para que a divindade poderosa proteja-me e minha família. Geralmente, o outro com seu problema só me preocupa quando estamos no mesmo barco. Se me safo, é cada um por si e quem ficou no barco que continue e se vire. É uma noção equivocada da vida e da sorte. A divindade não protege ninguém por ser vinculado a esta ou aquela religião. Tudo está posto para nosso bem, mesmo as mais terríveis tragédias. Lembro que, a rigor, para o Uno não existem tragédias, isso é uma abordagem humana. O que existe, sempre e sempre, são embates e interações entre forças e suas resultantes. A salvação não existe fora da solidariedade. Esta busca moldar, para o bem cumum, as forças fantásticas que nos circundam. É preciso sedimentar a visão do ser humano como uma espécie que alcançou a consciência e a razão e necessita aprender a usá-las. Bem utilizadas, essas duas grandes forças e suas consequentes é que moldarão o futuro e a eternidade dos espíritos desencarnados e a desencarnar; enfim, da humanidade.

Manuel - Rick, você não está pintando a divindade de forma muito cruel, não? Não tem nenhuma condescendência, piedade, complacência nessa sua tese?

Rick - Tem sim, e quem disse que não? Olhe a razão que conquistamos. Muitos a criticam. Não enxergam nela um bem. Ora, antes nós vivíamos entregues à crueza dos embates da fome, das doenças, do temor aos deuses, das tempestades...Hoje já superamos as pestes, muitas doenças fatais, diminuímos a mortalidade infantil em muitos rincões, melhoramos as condições de educação, discutimos a ética, a política, a ideia de liberdade e respeito. Obviamente que ainda falta muito para universalizarmos as conquistas, mas isso depende de entendimento do que é a vida, coisa que ainda está muito confusa entre as filosofias e religiões em vigor. Espero que possamos contribuir um pouco para melhorar isso, com este nosso papo.

Djalma - Obviamente, Rick. Contamos com vocês.

Manuel - Rick, concordo com você e estamos todos empenhados em ajudar.

Djalma - E a ressurreição de Cristo?

Rick - Meu pai, o que você quer é que eu dê testemunho de um fato mantido pela tradição, sem nenhuma comprovação histórica. Ora eu não testemunhei isso. Aqueles que creem o fazem porque acreditam, mesmo sem nenhuma prova. O que há são apenas relatos escritos muitos e muitos anos depois da citada ocorrência. Como é que eu posso garantir que isso aconteceu efetivamente? É possível que seja mais uma parábola. O que eu posso dizer, com segurança, é que se trata de uma crença sobre algo que está na Bíblia. Isso ninguém pode negar.

Quanto à personagem, o que vem ao caso são os discursos a ela imputados. Suas lições de convivência são mesmo muito ricas. O que daí decorreu na história, com a religião cristã, devido à estupidez humana em face do poder e da riqueza, não diz respeito ao ente Jesus Cristo. O mesmo ocorre com as demais religiões, cada uma com seus ícones, mistérios e poderes; em todas elas a estupidez humana está sempre por perto, de forma, quase sempre, sibilina, envolvente e degenerante.

Na maioria das vezes, nas religiões, valores humanos riquíssimos desandam em sentido inverso ao proposto originalmente, camuflados por ideologias enganosas. Isso atrasa em muito a felicidade maior que nos aguarda.

Djalma - E o dia do julgamento final?

Rick - (Risos) Esse virá. Não dos céus; nem será necessariamente um dia, "o dia", entende?

Djalma - Entende o quê? Você não disse nada.

Rick - Haverá um julgamento. Eu falei da felicidade da humanidade e essa virá. Como? Por quê? Quando? Aguardem que falaremos.

Djalma - Por que parou?

Rick - Não parei, é apenas pausa para reflexão.

Djalma - Então, voltemos. Diga aí como fica a justiça divina nisso tudo?

Rick - A justiça divina já foi feita desde sempre. A vida é justa. O mundo, que depende de nossos discursos, descobertas e concepções, infelizmente, ainda não é. Temos que trabalhar para aperfeiçoá-lo de forma a podermos alcançar tudo de bom que desejamos. Afinal, se a justiça divina existe, é também uma força a ser conquistada por nós, em sua completude, por meio de muita luta, trabalho e uso adequado da razão.

É preciso ter em mente uma coisa. Temos as seguintes opções, viver como nossos irmãos animais, nas florestas, nas cavernas, mais sujeitos aos embates das forças cruas da natureza, ou apelamos para as bênçãos da razão e procuramos nos proteger, um pouco mais, da violência inerente à vida.

No primeiro caso, poderemos ser felizes dentro da realidade da natureza. Morreu, retornou e é outro, morreu, retornou e é outro, não tem personalidade. Sofreu? Que fazer, é só correr e tentar se proteger. Morreu, retornou e não se sabe quem é quem. É o ciclo da vida crua, da vida sem a razão. No segundo caso, nasceu, cresceu, sofreu, chorou, entendeu, amou, aprendeu, estudou, lucubrou, desviou, viveu mais, morreu, ficou o discurso na dependência de outras pessoas encarnadas que continuam na labuta, minorando dores, crescendo, aprendendo mais ainda, alterando, evoluindo mais e mais, individuando-se até que... Até que chegará o dia do paraíso; não do paraíso dado graciosamente a um bando de preguiçosos, mas um paraíso trabalhado, construído, conquistado por durante gerações e gerações de pensantes.

Manuel - Foi looonge essa, viu, Rick?, Pô, cara, que imaginação.

Rick - Manuel, que é isso, velho, está depreciando minha fala, cara. Que é que tem aí de imaginação, meu irmão?

Manuel - Amigo, pelo que sei, nesse campo falamos de bem-aventuranças. Aquilo que está reservado aos espíritos que agiram de acordo com os ditames do bem.

Rick - Eu também falei disso. Só que falei de um bem mais real do que as fantasias mirabolantes dos discursos fantasiosos que aprendemos desde que nascemos. Quer ver, observe...

Manuel - Então você quer dizer que não há reencarnação para evoluir?

Rick - Pode até vir a ser uma opção no futuro, quem sabe? Mas, no original, no orgânico, sem tetetê, é isso aí que eu estou dizendo.

Djalma - Rick, que história é essa de opção no futuro, carinha? Aí já é especulação barata, não é?

Rick - Que é uma especulação, isso é. Agora, barata, não. Repito o que foi dito antes, tudo o que se acreditar vai ser possível. Como diria o velho Mateus, "pedi e vos será dado! Procurais e achareis..."

Manuel - Aí, você se curvando à sabedoria bíblica.

Rick - Manuel, sei que você disse isso para provocar minha resposta. Mas você sabe que nunca quis desdizer de sabedoria nenhuma. Só conclamo que tenhamos sabedoria para entendermos as sabedorias, senão anularemos a força do discurso original que há nelas.

Djalma - Mandou bem, Riquinho. Diga aí sua opinião sobre a questão da finitude ou infinitude dessa fase semieterna. Você já disse que a fase sempiterna persiste sempre e sempre, mas a semieterna ficou no ar.

Rick - Olhe, a fase semieterna pode existir eternamente, a partir de sua origem com o nascimento, desde que seu substrato também o faça.

Djalma - Como assim?

Rick - A fase semieterna, como visto, é cultural. Depende da razão humana. Esta, por sua vez, surgiu e se desenvolve, basicamente, a partir das pessoas encarnadas. Assim, uma vez que persista a humanidade encarnada, persistirá a fase semieterna que dela depende. Agora, vamos imaginar que a estupidez humana chegue a seu grau máximo e a humanidade se autodestrua. Pronto, não sobrou uma só vivalma. A Terra estará deserta. O planeta levará mais alguns milhões de anos até recompor sua fauna. Não ficou nenhum vestígio das antigas civilizações. Aí, o que acontece? Tudo o que vier a ser criado novamente sairá do zero. Todas as vivências humanas, as descobertas, as discussões sobre ética, ciência, religião, partirão do zero, depois que uma nova humanidade florescer dentre os seres que ressurgirem. Todas as fases semieternas existentes anteriormente desaparecerão; novos seres ressurgirão, com suas eternas fases sempiternas, que essas nunca perecem. Mas as individuações discursivas, ou seja, as fases semieternas, essas serão novas.

Djalma - Sendo assim, a fase semieterna pode, de fato, morrer se a humanidade desaparecer?

Rick - Claro. Da mesma forma, quanto mais evoluída, em termos de qualidade de pensamento, estiver a humanidade encarnada, mais evoluída será a fase semieterna decorrente. E aí eu complemento, para se chegar ao paraíso, às bem-aventuranças das quais que Manuel falou, dependemos do trabalho em conjunto. Labutamos, diuturnamente, a turma daqui e a turma daí, muitas vezes, sem saber dessa cooperação.

Djalma - Rick, acho que eu e Manuel estamos calados por falta de conhecimento, viu? Acredito que ninguém está sabendo dessa labuta aí, não; sobretudo dessa equipe mista que você fala.

Rick - Explico já. Jesus Cristo, Maomé, Moisés, Buda, Gandhi e tantos outros que tiveram destacado trabalho nessa seara do conhecimento espiritual, viveram em uma época em que os sinais não eram tão claros quanto agora. Eles conheciam a grandeza do espírito humano, mas não discerniam o caminho como podemos fazer hoje. Retifico. Talvez até eles soubessem de como iria se desenrolar o futuro, mas não tinham como falar com segurança. Façamos uma análise para ilustrar melhor. Vamos viajar pelo início do século XVIII. Naquele tempo muito dos remédios que conhecemos hoje não existiam. Os potentes analgésicos que minoram o sofrimento de muitos, os antibióticos, anti-inflamatórios, nada disso era conhecido. Tecnologia de alimentos, agricultura, transporte, comunicação, habitação, era tudo muito precário se comparados com o que temos no século XXI.

Escrever, então, era um tormento, nem caneta esferográfica havia. Se pegássemos um cientista ateu daquela época e mostrássemos a ele a tecnologia do século XXI, por certo ele diria que era tudo um milagre. E é um milagre!

Quando eu disse que não queria perder meu tempo refletindo sobre o Uno, Deus etc, porque não tinha raciocínio para tanto, eu não estava brincando. Realmente não tenho, ou melhor, não temos. Mas essa Infinitude é, sim, responsável pelas maravilhas que conquistamos. Não sei como funciona, mas a lógica é que tudo é possível, desde que entendamos que somos nós que teremos que tornar as coisas possíveis.

Lembrem-se, meus caros, Deus, o Uno, é o ser do impossível, nós somos os seres do possível. Não existem milagres de santos que contrariem as forças postas, está ligado? Se a reza ao santo fez algum efeito, com certeza ele laborou em consonância com as forças atuantes no momento.

Temos que comprender que há algo em nós que também é divino. Pensando bem, tudo em nós é divino, mas a fase sempiterna é essencialmente divina; somos, em parte, Deus em ação, no papel de, eu diria, subdivindades. Isso, vejam bem, **desde que entendamos a lógica da vida e passemos a agir como tais.**

Eu só não digo que somos, integralmente, a própria divindade, porque a individualização do espírito nos reduz um pouco, nos faz diferentes e menores do que nós mesmos, em nossa amplitude máxima e única, para podermos interagir, viver, usufruir da bem-aventurança. A grande sabedoria do Uno foi dispor um substrato onde tudo, mas tudo mesmo, é possível. Só temos que ir buscar com nosso trabalho, porque isso, **esse construir constantemente para o bem comum**, é que traz o grande prazer da vida.

Daí porque também o que não presta se fez. Claro, se existe e nos é possível, é porque está ali, no infinito das impossibilidades, que é o grande manancial disposto pelo Uno.

Agora, há um mistério que não sei responder. O que fixa a fase sempiterna no corpo é o metabolismo do corpo humano? Como é que funciona isso? Esse mistério é uma das chaves que buscamos para o futuro. Que eu saiba, ninguém ainda tem a resposta. Mas não é um mistério inalcançável, não tarda e chegaremos lá. Hoje temos saberes poderosíssimos em todas as áreas do conhecimento. Construímos edifícios de quase mil metros de altura; a nanotecnologia leva remédios para células doentes no interior do corpo; desvendamos o genoma humano; clonamos seres vivos; curamos várias doenças gravíssimas, além de tantas outras incontáveis proezas maravilhosas.

Djalma - Chegamos à Lua, Marte, ultrapassamos o sistema solar com nossas máquinas...

Manuel - Por outro lado, ainda há crianças que morrem desnutridas, pessoas em completa ignorância, fome, guerras, injustiças, corrupções...O povo antigo costumava dizer que o mundo estava para se acabar porque o ser humano queria se igualar a Deus.

Rick - Com todo respeito a nossos antepassados, essa crendice é pura falta de conhecimento e reflexão. Somos parte de Deus, temos nossa parcela divina. A imensidão do Uno nunca ninguém alcançará por ser uma impossibilidade patente. Não almejamos alcançar Deus, este já somos, só que nossa fase semieterna ainda não se aperfeiçoou em sua individuação para entender e dignificar a parte sempiterna. Isso só ocorrerá com árduo trabalho, pesquisas, debates e reflexões. Quando conseguirmos isso, poderemos gozar das verdadeiras maravilhas postas a nossa disposição.

É, amigos, uma vez me disseram que o caminho do céu era árduo e eu não imaginava quanto. Chegaremos a um novo mundo, não pela redenção mística dos pecados, mas pelo trabalho sincero, justo e honesto de todo o povo.

Manuel - Rick, você é uma verdadeira onda, viu, bichão? Às vezes sobe em meu conceito e às vezes desce.

Rick - Ondas são energia. Altos e baixos, não no sentido valorizado e depreciado, mas como forma de um fluxo de interação para o prosseguimento. Sem diferenças não há fluxo de energia, sem ele não há movimento, sem movimento não há vida.

Manuel - Não, rapaz, o que eu quero dizer é sobre as verdades assentes e aceitas. Não há a redenção espiritual? É isso?

Rick - Manuel, desapegue, rapaz. Olhe, já que você é cristão, vamos à Bíblia. Vejamos o Sermão da montanha sobre as bem-aventuranças.

"Bem-aventurados os pobres de espírito, porque deles é o reino dos céus; bem-aventurados os que choram, porque eles serão consolados; bem-aventurados os mansos, porque eles herdarão a terra; os que têm fome e sede de justiça, porque eles serão fartos; os misericordiosos, porque eles alcançarão misericórdia; os limpos de coração, porque eles verão a Deus; os pacificadores, porque eles serão chamados filhos de Deus; os que sofrem perseguição por causa da justiça, porque deles é o reino dos céus; Bem-aventurados sois vós, quando vos injuriarem e perseguirem e, mentindo, disserem todo o mal contra vós por minha causa."

Manuel, você acha que o que eu falei vai de encontro a esses ensinamentos?

Manuel - Se não vai de encontro passa longe. Se é tudo normal, como você quer, se tudo se traduz em simples interações de forças...

Rick - O reino dos céus se haverá aqui na terra. Afinal, não diz a oração, "assim na Terra como no céu"? Assim será. Pode crer. Bem verdade que temos que sopesar a ideia vigente de céu e de Deus, mas isso não muda a validade da oração que, claramente, faz uso de uma linguagem figurativa.

Djalma - Turma, antes que Rick dê o veredicto, peço um tempo. Preciso descansar um pouco. A conversa está animadíssima, interessantíssima, mas o cansaço chega a um ponto em que eu não estou captando mais muita coisa e isso pode influir na tradução do que vocês dizem. Não podemos perder a qualidade desse magnífico bate-papo. Continuamos depois. Beijos a todos.

Beijos.

30 de agosto de 2013

Djalma - Olá, amigos, novamente por aqui.

Rick - Mais assíduo, agora, não?

Djalma - Consegui umas folgas no trabalho e estou querendo adiantar.

Manuel - Foi bom, viu, Djalma, o papo tem ficado muito interessante. A gente fica ansioso para saber sobre o desfecho das ideias.

Djalma - Sem dúvida. O que temos para hoje? Vê aí, Rick, qual o cardápio.

Rick - (Risos) Eu só faço servir. O cliente faz o pedido, o cozinheiro prepara e eu entrego.

Djalma - Quando trouxer a conta não me peça gorjeta (risos).

Rick - Fique frio que nem conta tem, é tudo por conta da casa. Aliás, aqui é diferente, a casa tem tanto interesse no que é servido quanto o cliente (risos).

Djalma - Voltemos a Jung.

Rick - O que é que você quer com Jung, meu pai?

Djalma - Foi feita uma referência, ontem, sobre a questão da individuação, lembra. Eu ressaltei que era um conceito de Jung. Você deu pouca importância.

Rick - Não é que eu tenha dado pouca importância, apenas não me preocupei com essa questão de autoria.

Djalma - Compreendo. Mas o que me fascina é a coincidência. Sei que você não havia lido nada dele. O que eu li foi muito pouco e superficial. De repente surge, assim, o conceito. Hoje eu fui verificar. Rapaz, tem muitos pontos coincidentes entre o que você tem exposto e alguns conceitos de Jung, sabia? Vou colocar aqui somente alguns tópicos sobre a individuação. Ele difere a individuação do processo de integração. A primeira tem a ver com o self (si-mesmo) a segunda tem a ver com o ego.

Rick - E daí?

Djalma - E daí que tudo se entrelaça. O self, ele entende, digo bem resumidamente, como uma circunferência total que abrange tanto o consciente como o inconsciente e é o centro dessa totalidade, como o ego é o centro da mente consciente. Desse self, ou seja, dessa totalidade, não chega mais do que alguns pequenos fragmentos na consciência humana. Para ele, o ego e o self mantêm uma relação incessante e nem sempre muito tranquila. Essa interação permanente se expressa na individualidade de uma pessoa.

Rick - Interessante. O que vemos aí, em parte, é influência do trabalho da fase semieterna dos desencarnados, meu pai, nada demais.

Djalma - Sim, agora entendo. Veja mais, ele explica que o ego está para a integração — vista socialmente como adaptação — como o self está para a individuação — que é autoexperiência e autorrealização. A individuação tem por atributos, como ensina, entre outras coisas, o desenvolvimento da personalidade e a pressuposição e inclusão de relacionamentos coletivos. Isso quer dizer que a individuação não ocorre em um estado de isolamento. Ele alertava para a prática constante de se confundir o ego com o self, o que leva ao egocentrismo ou autoerotismo, que nada mais é que o narcisismo.

Ressaltou, ainda, que a individuação não exclui o mundo, mas o aproxima do indivíduo.

Manuel - Apesar de vocábulos parecidos, pelo que entendi, individuação não pode ser confundida com individualismo, não é isso?

Djalma - Claro, Manuel. Quanto a isso, ele diz que individualismo significa enfatizar deliberadamente e dar proeminência a alguma suposta particularidade, mais do que a considerações e obrigações coletivas. Porém, a individuação significa, precisamente, preenchimento melhor e mais completo de qualidades coletivas. O objetivo da individuação é nada menos que despir o self dos falsos invólucros da <u>persona</u>, por um lado, e do poder sugestivo de imagens primordiais, por outro.

Rick - Muito rica sua intervenção, meu pai. Certamente que há pontos em comum entre nossa conversa e as ideias junguianas e isso nem sempre decorre do acaso, afinal, Jung não se encontra mais por aí, não é? Mas tenho certeza que também há pontos de divergência, até pelo tempo que foi escrito.

Djalma - Bom, há de ter, só quis deixar registrada a curiosidade.

Rick - De qualquer forma, veja que em todo esse estudo feito por ele uma coisa fica bem destacada. O que pode empalidecer nossa existência como deuses é o egoísmo. Esse sentimento acaba a divindade do ser porque o diminui à finitude do fenômeno. Veja, também, que a ideia da existência de um espírito que nunca tenha encarnado fica complicada. A síntese é uma só, condições de vida no planeta, origem da vida, mutações para readaptação, sobrevivência, preservação da espécie, desenvolvimento da razão como uma benção e como uma panaceia para além da visão fenomênica tradicional do mundo.

Djalma - Bem, amigos, acho que estou satisfeito quanto as minhas dúvidas. Obviamente que, depois que reler tudo o que discutimos, outras surgirão. O que me apoquenta agora é a questão das possibilidades. Você disse que a infinita sabedoria do criador foi dispor de condições para que tudo, tudo mesmo, sem limites, possa acontecer no universo. Explique melhor isso aí.

Rick - Tudo pode acontecer desde que haja quem deseje o resultado e se proponha a alcançá-lo com determinação. Se você quer uma fruta, vá buscá-la; se quer um mundo mais justo, vá construí-lo; se quer uma vida mais perfeita, mãos à obra; o mesmo vale para a eternidade e tantos outros objetivos que existam ou que passem a existir.

Manuel - Rick, eu desejaria que não houvesse guerras, fome, injustiças. O que eu posso contra isso?

Rick - Forças, manuel, forças. Ninguém faz guerra sozinho. A fome não é resultante da ação de uma única pessoa. As injustiças idem. Você tem que arregimentar forças para lutar lutas maiores. A razão é uma força poderosíssima que tem o poder de entender, conceituar, analisar, mensurar, comparar e consolidar outras forças para fazer frente ao complexo de forças que contrariam intentos comuns. Se temos um mundo menos egoísta, a possibilidade de valorizarmos mais os intentos em comum é maior. Dessa forma, será mais fácil unir mais esforços para a felicidade de todos.

Uma dose mínima de egoísmo é necessária, afinal, não se pode amar o próximo de forma satisfatória se não se ama a si próprio. Veja o que diz o mandamento, "amarás o teu próximo como a ti mesmo". Assim, uma prodigalidade excessiva, que venha a prejudicar a própria sobrevivência individual é, também, prejudicial a todos.

Manuel - De fato.

Djalma - Manuel, peço-lhe licença para voltarmos à vaca fria. Rick, os espíritos estariam condenados a viver somente na fase semieterna, indefinidamente?

Rick - Eu posso te dar várias respostas, em função das hipóteses colocadas. Se a humanidade desparafusa em guerra e se autodestrói, adeus fase semieterna atual; isso já discutimos. Se a humanidade patina em valores tolos em busca de um consumismo abobado, de aparências e vaidades, mais difícil e distante estará o tempo em que algo vai mudar para quem se encontra na fase semieterna e também para quem está na corpórea, obviamente.

Agora, se todos, sobretudo a turma daí, entenderem a humanidade como um grande bloco de iceberg, conforme comentamos, então, poderão passar a envidar esforços e recursos no sentido de desvendar os mistérios fundamentais do espírito, a exemplo da memória, das fases sempiterna, semieterna e aí por adiante. Descobertos esses mecanismos, todas as pessoas, não importa de que época, poderão retornar à vida encarnada.

Djalma - Seria a ressurreição dos corpos?

Rick - Sim e não. Eu não diria dos corpos porque seria uma forçação de barra muito grande. Veja que o modelo de corpo que hoje se usa, apesar de um sistema muito bem adaptado ao meio, pode e será melhorado para novos usos e gozos. Observe que não há nenhum pecado no que eu estou dizendo. Faço esta ressalva para anular, de antemão, a vontade de fazer o sinal da cruz que algum leitor católico mais empedernido possa vir a ter.

O corpo natural e original é um complexo de resultantes formado para sobreviver no ambiente original que lhe proporcionou a vida e existência espiritual individualizada. Ora, se a razão vem alterando de forma tão marcante o ambiente, e esse é um fator de mudança importantíssimo da natureza que os geógrafos não mais descartam em suas considerações, é natural que um novo complexo de forças se reorganize como um novo tipo de corpo humano, para fazer frente às novas resultantes que estão sempre surgindo.

Nessa nova realidade, vai ser rearranjado o espírito em sua integralidade; ou seja, um novo corpo, reestilizado, onde será assente as outras duas fases que o compunham o indivíduo original. A fase discursiva de cada um, obviamente, quando necessário, haverá de ser reeducada por meio de procedimentos respeitosos e democráticos diversos, que ainda desconheço, para que abandone hábitos daninhos à vida em comunidade e se adapte aos novos tempos.

Todos aqueles que, de boa-fé, souberam usar o velho corpo ressurgirão mais rapidamente no novo modelo. Famílias se reencontrarão, será uma belíssima festa.

Manuel - Estou acompanhando e gostando, viu, Rick? Então, você profetiza que todas as crenças religiosas, com seus dogmas, desejos, poderão ser realizados, de acordo com o gosto do freguês?

Rick - Sim, em tese, sim. Obviamente que, paralelas ao avanço da tecnologia, também, as noções de justiça, de ética, de direito etc, se aprimorarão. O objetivo é um novo mundo, muito mais perfeito, sob a ótica dos interesses comunitários e igualitários. Todas as injustiças passadas serão reparadas; sofrimentos compensados; malfeitores punidos.

Observem uma coisa. Quero fazer esse alerta para evitar as caras feias dos fiéis religiosos. Quando falo de um mundo muito mais perfeito, não estou criticando o Criador, para os fiéis da ala criacionista. O mundo atual é perfeito, em face das resultantes do momento. Com a interação da força da razão, que se desenvolve a olhos vistos, o complexo das demais forças presentes se altera de forma especial e a ideia de perfeição se desloca para outro padrão de expectativa. Lembremos que a razão também é uma poderosíssima força de origem divina. Ela possibilita a elaboração de técnicas para o aproveitamento de outras forças em busca dos objetivos pretendidos.

Djalma - Estaríamos, de certa forma, falando do grande julgamento final?

Rick - Eu diria, o grande julgamento real, sem misticismos. Seremos julgados por nossos pares com uma eficiência impressionante, devido à tecnologia e maneira de pensar avançadíssimas que se aproximam.

Manuel - Amigo, você já se esqueceu de como funciona o poder na Terra? Quem manda por lá?

Rick - O poder da Terra é baseado na detenção de matéria e naquilo que traduz sua posse ou propriedade, o dinheiro. Na nova realidade, isso não vai ter muita importância. Os valores serão outros. Quem hoje é rico por possuir toneladas de ouro ou algo equivalente, e somente isso, será pobre em um mundo de bem-aventuranças, conquistado com o trabalho de todos. É por isso que eu disse que tudo será possível, em tese. Desejos voltados para tolices, egoísmos e anseios primários não deverão ser priorizados quando da aplicação dos futuros recursos, haja vista que o aprimoramento intelectual de todos, sem exceção, também será uma realidade.

Djalma - O mundo que conhecemos desaparecerá?

Rick - O que será feito do mundo originalmente encarnado, não sei dizer. Acredito que deva continuar, afinal, é o berço de novos espíritos. Salvo se vierem a criar um sucedâneo para esse berçário natural e tão perfeito ao que se presta.

Manuel - Suas previsões são espantosas.

Rick - Por quê, Manuel? Olha, eu sei que algumas das suas perguntas são para provocar minha reação, por que você já tem as respostas e sabe o que eu vou dizer, mas vá lá.

Manuel - Tudo isso não seria o ser humano querer tomar o lugar de Deus?

Rick - (Risos) De novo, Manuel? Já conversamos sobre isso. Se nos é possível fazer algo é porque o Uno permite e assim, desde sempre, previu. Lembre-se que o Uno está em nós. Ninguém faz nada sem sua participação. O confronto e alinhamento de forças é a realidade mesma de tudo o que existe. A razão é a única força que pode dar sentido de amor à crueza das forças cósmicas.

Manuel - E os apenados desse "julgamento real", vão fazer o que com eles?

Rick - Bom, isso aí ainda vai ser decidido. As opções serão muitas. Viver sob condições limitadas; não reutilizar sua fase semieterna enquanto estiver maculada de péssimos sentimentos; ter sua fase semieterna deletada e assim retornar para o Uno, para um novo ciclo da vida, para um novo ciclo de individuação; e tantas outras alternativas que os novos tempos poderão proporcionar.

Enfim, tudo isso será decidido sob a égide de uma nova consciência humana que, acreditem, será muito, mas muito mesmo, diferente da atual.

Na verdade eu não tenho como afirmar com segurança sobre as medidas que serão adotadas. O que eu disse aí sobre as penas são meras especulações minhas.

Manuel - Olhe aí, você deu uma volta danada para chegar no mesmo. Digamos que o cara foi um grande assassino. O Conselho depurador desta nova realidade pode reencarná-lo em uma dimensão de sofrimento para retificar sua fase semieterna. Por que não? Veja você que se for assim, caímos no que ensina a doutrina Kardecista. Portanto, levanto a seguinte questão. Já que a Terra tem mais de quatro bilhões de anos, o que me garante que nós já não estejamos vivendo esse futuro e que a vida encarnada atual não seja apenas uma forma de punição, ou retificação, para quem não agiu bem em oportunidades anteriores?

Rick - Pensar nesses termos acho difícil. Não vejo porque se esconder a realidade punitiva dessa forma. Não seria justo fazer alguém pagar por algo que não sabe o que está pagando. Agora, no futuro, como eu disse, tudo será possível. Poder haver reencarnação é uma possibilidade mas não há confirmação de que haverá. Reencarnar no mundo natural é que é impossível. Na natureza não existe isso. Novos corpos fazem exsurgir novos espíritos, com a exposição da fase sempiterna e início da formação de uma inédita fase semieterna; isso é o que ocorre, sem firulas.

Djalma - Rick, conforta-me uma coisa nessa sua conversa.

Rick - Diga, meu pai.

Djalma - Acho que para mim e para muitos que também sofrem a dor de uma imensa saudade, foi interessantíssimo poder sentir, com a ajuda de vocês, a cristalina certeza de um dia poder dar um imenso, gigantesco abraço, daqueles de quebrar costela, em todos os que amamos e partiram de nossa presença física.

Rick - Tudo isso vai ser possível, mas temos todos, aqui e aí, que trabalhar para que a humanidade cresça e seja produtiva nesse sentido; que os valores éticos resplandeçam; que o egoísmo fique resumido a sua dimensão mínima necessária, quase microscópica; que o amor não seja hipócrita; que a caridade saia das cestas básicas e das esmolas cínicas; que as autoridades entendam a imensa responsabilidade que têm nas mãos; que os corruptos, inclusos aí todos os que praticam injustiças, compreendam que o risco para prática a corrupção não é local nem momentâneo, muito menos contemporâneo, todavia, futuro e a punição decorrente inescapável.

Djalma - Agora, me diz, como vão resgatar a turma daí, que se encontra somente com a fase semieterna, para essa nova dimensão do viver. Ou seja, resgatar as duas fases abstratas, sintetizar corpo para todo mundo e juntar tudo isso? Não vai ser fácil, hem?

Rick - Vou dar uma explicação rápida. Somos resultantes de forças. Nossa fase semieterna é formada por discursos. Quando você sai pela rua, pelo trabalho, em viagem, vai deixando seus discursos pelo mundo. Pessoas vão captando, interiorizando uma parte disso. Na verdade, eu estou por aí, disperso por entre todas as pessoas com quem mantive contato. Desde minha família — com um contato mais diário — até aquele argentino, da cafeteria onde tomei um café em Bariloche. Estou em cada um, dentro da proporção dos discursos que proferi em suas presenças, entre outros fatores. E não se trata apenas do que foi dito mediante a linguagem falada, não. Tudo, enfim, que transmite sua vontade e sua energia no mundo é traduzido como um discurso seu e impregnado na mente de quem está por perto.

Quanto a isso, lembrem-se do ensinamento de uma antiga sabedoria popular: "Aqueles que passam por nós, não vão sós, não nos deixam sós. Deixam um pouco de si, levam um pouco de nós."

Uma vez desenvolvida a tecnologia, vai ser possível recompor os discursos de todas as pessoas, ao longo de todas as gerações. Com isso ter-se-á a fase semieterna de cada um, com seus feitos, bem-feitos, não-feitos e malfeitos. A fase sempiterna, que também será necessária, por sua vez, será externada por outra tecnologia, mas essa fase do espírito, como já expliquei, não tem individualidade, é só a pulsão divina do viver.

Reparadas as injustiças e feitas as justiças, um novo corpo será sintetizado, sem as lamúrias e doenças dos corpos naturais e, assim, teremos a união dos povos de todos os tempos para um novo e maravilhoso viver. Tudo isso sem magias ou misticismos, segredos, mistérios ou dogmas fantasiosos.

Tão somente com a tecnologia, a partir da análise do pensamento de uma única pessoa viva, toda a humanidade poderá ser resgatada, com base na consolidação dos discursos. O discurso de cada pessoa reconstituída leva a outra e outra. A integridade das personalidades vai se consolidando na medida em que o emaranhado discursivo vai sendo desembaraçado e decodificado, donde se extrairão as forças que compõem a fase discursiva de cada um. Vai ser assim mesmo. Hoje pode parecer difícil, mas tudo tem seu tempo para acontecer. Botem uma coisa em suas mentes, a natureza não age com subterfúgios ou às escondidas, nós é que ainda não a entendemos o suficiente.

MANUEL - Rapaz, você tem dimensão do que você está dizendo? Os povos de todos os tempos? Onde vai ficar toda essa gente?

RICK - Manuel, você está me parecendo um sujeito muito irônico e cínico com essas suas perguntas (risos), sem querer ofendê-lo. A dimensão corporal será outra, como eu já disse. Esse corpo natural, mais pesado, continuará no berçário dos encarnados originalmente ou nos museus. Para os novos corpos, adeus doenças, sofrimentos e pesares. Agora, a bem-aventurança não será para todos, pelo menos de imediato, afinal, como dizem as escrituras, muitos serão chamados, poucos os escolhidos.

DJALMA - Amém! Grande beijo, rapazes. Estou radiante pela conversa e pelo desfecho. Saudações a todos.

RICK - Espere, meu pai, que animação estranha é essa?

Djalma - Estou feliz, meu amigo, vou à praia, tomar um chope, visitar alguns amigos, comemorar a vida...

Rick - Ih, rapaz, acho que estraguei o cara. Meu pai, devagar que tua tarefa só está começando. Bem-aventurança, só quando chegar o tempo; a época agora é de muito trabalho. Arregace as mangas e ao serviço.

Djalma - Ok, comandante, perdoe-me, então, grande beijo a todos e vamos ao trabalho.

Beijos.

QUEREMOS SUA OPINIÃO

Antes de tudo, obrigado por ter escolhido este livro, em meio a tantos outros. Estamos extremamente gratos por isso. Se você gostou da leitura e nela encontrou algum benefício, esperamos que possa dedicar algum tempo para publicar sua opinião no site da Amazon.com. Isso é extremamente importante!! Seus comentários e apoio nos ajudarão a tornar esta obra ainda melhor e a aperfeiçoar nosso trabalho de redação em projetos futuros.

Se você puder compartilhar com familiares e amigos, com posts no **Facebook, Instagram e Twitter**, será outra excelente contribuição.

Desejamos a você, querido leitor, muito sucesso, felicidades e muita saúde, sempre e sempre!!

O Autor

SOBRE O AUTOR E A SÉRIE DIÁHLOGOS COM HAGÁ

Djalma Vasconcellos Grandson é pseudônimo de Djalma Jacobina Neto. Nascido em Miguel Calmon-Bahia, em 1962, Djalma tem formação acadêmica em engenharia, direito e filosofia, com pós-graduação em direito, todas pela Universidade Federal da Bahia. Escritor, servidor público federal, tem entre suas obras nove livros publicados, um deles traduzido para a língua inglesa em 2020. Uma filha e dois filhos, um desses filhos, Henrique Soares Jacobina, deixou sua fase corporal em 2012, quando ainda era estudante de direito e sociologia, e é um dos protagonistas da séria Diáhlogos com Hagá.

DIÁHLOGOS COM HAGÁ: A série Diáhlogos com Hagá teve início com a obra que detém esse mesmo título, lançada em 2013, 1ª edição impressa, em 2015 edição digital e em 2020, 2ª edição impressa. O livro que deu origem à série tem por objeto diálogos entre os autores, um deles já sem sua fase corporal, onde discutem temas ligados à ética, filosofia e espiritualismo. Atualmente todos os livros da série encontram-se à venda na Amazon.com.

Livros da série:

Diáhlogos com Hagá: Livro tema da série, onde os autores discutem sobre ética, filosofia e religião, numa linguagem bem simples e acessível.

Diahlogs With H – About Afterlife – Tradução para o inglês do livro tema da série.

Paraíso em Construção – livro que também aborda temas da ética, religião e filosofia, com ênfase em conceitos inaugurados no livro tema da série.

Pohemas com Hagá – Livro de poemas dentro do tema abordado pela série.